2024 김신 교육학
지방직 동형
모의고사

최근 15년 교육학 기출문제 분석

gong.conects.com

김신 | 편저

https://hmstory.kr

머릿말

지금까지

본 시험을 위해 한걸음 한걸음 정진해 오신
수험생 여러분에게 진심어린 응원을 보내드립니다.

이번 모의고사를 통해
수험생 여러분께서 공부해 오신 교육학의 개념들이
통합되어 구성될 수 있도록
최신 최고의 문제를 구성하도록 최선을 다하였습니다.

본 모의고사를 통해
시험 당일 자신있게 한 문제 한 문제 풀 수 있으시길 기원하며
여러분의 합격을 응원하겠습니다.

김 신 올림

목 차

모의고사 기획의도

1. 2024 지방직 시험 대비

2. 2024 지방직 시험을 위한 핵심 심화 문제 구성

    으로 구성되어 있으며

본 교재는 지방직 고득점을 위한 교재로서

2024년 국가직 모의고사를 먼저 풀어 보시는 것을 추천드립니다.

기본 필수 문제 구성 : 2024년 국가직 모의고사

심화 필수 문제 구성 : 2024년 지방직 모의고사

최근 15년 교육학 기출문제 분석

2024 김신 교육학 **지방직 동형 모의고사**

문제 1~15회

1. 타일러의 목표중심 교육과정 개발에 대한 설명으로 옳지 않은 것은?

① 구체적 목표를 설정하기 위해서는 학습자와 현대 사회 및 학부모의 요구를 검토해야 한다.

② 학습심리학을 통해 일관성 있는 목표를 설정할 것을 주장하였다.

③ 기회의 원칙에 따라 교육목표를 달성할 기회가 보장되어야 한다.

④ 목표에서 평가로 순차적으로 진행된다는 점에서 직선적 모형이다.

2. 위긴스(Wiggins)와 맥타이(McTighe)가 제시한 이해중심교육과정(백워드 설계)의 세 가지 설계 단계로 옳은 것은?

① 바라는 결과 확인하기 → 수용 가능한 증거 결정하기 → 학습경험 계획하기

② 수용 가능한 증거 결정하기 → 바라는 결과 확인하기 → 학습경험 계획하기

③ 수용 가능한 증거 결정하기 → 학습경험 계획하기 → 바라는 결과 확인하기

④ 학습경험 계획하기 → 수용 가능한 증거 결정하기 → 바라는 결과 확인하기

3. 피아제(Piaget)의 인지발달 단계에서 나타나는 행동을 순서대로 나열한 것은?

ㄱ. 가설연역적 사고가 가능하다.

ㄴ. 서열화와 분류가 가능하다.

ㄷ. 상징을 형성하고 사용하는 능력이 발달하기 시작한다.

ㄹ. 대상 영속성을 습득한다

① ㄴ - ㄹ - ㄷ - ㄱ

② ㄴ - ㄷ - ㄱ - ㄹ

③ ㄹ - ㄷ - ㄴ - ㄱ

④ ㄹ - ㄴ - ㄱ - ㄷ

4. 다음 중 지식이 구성되는 관점이 다른 교수학습의 이론은?

① 블룸의 완전학습이론

② 라이겔루스의 정교화 이론

③ 오수벨의 유의미 학습 이론

④ 브라운의 상황 학습 이론

5. 상담이론에 대한 설명으로 옳지 않은 것은?

① 프로이드의 정신분석학은 인간의 행동을 인과적 관계로 해석하는 결정론적 관점을 반대한다.
② 로저스의 인간중심 상담이론은 인간행동을 설명할 때 원인보다는 목적, 과거보다는 미래에 관심을 갖는다.
③ 앨리스의 합리적 정서 행동치료는 인간을 비합리적이고 올바르지 못한 왜곡된 사고도 할 수 있는 존재로 간주한다.
④ 윌리엄 글래서의 현실요법 상담은 인간을 자유롭고 자신의 목표를 스스로 선택하고자 하는 욕구를 가진 존재라고 본다.

6. 변별도에 대한 설명으로 옳지 않은 것은?

① 변별도 지수가 높을수록 변변도가 높다.
② 난이도가 어려우면 변별도가 높아질 수도 낮아질 수도 있다.
③ 정답률이 50%인 문항의 변별도는 1이다.
④ 모든 학생이 맞힌 문항의 변별도는 0이다.

7. 진보주의 교육사조에 대한 설명으로 옳은 것을 모두 고른 것은?

> ㄱ. 교육원리는 프래그머티즘(pragmatism)에 철학적 기반을 둔다.
> ㄴ. 교육은 미래 생활을 그 자체이다.
> ㄷ. 구안법(project method) 수업
> ㄹ. 최초로 주장한 학자는 허친스(R. M. Hutchins)이다.

① ㄱ, ㄴ　　　② ㄱ, ㄷ
③ ㄴ, ㄹ　　　④ ㄷ, ㄹ

8. 교육행정의 원리에 대한 설명으로 옳지 않은 것은?

① 적응성의 원리는 새로운 환경변화에 신축적으로 대응하고 능동적으로 대처함으로써 변화를 주도해 나가는 것이다.
② 민주성의 원리는 국민의 의사를 행정에 반영하고 국민을 위한 행정을 해야 한다는 것이다.
③ 자주성의 원리는 주민의 적극적인 참여와 그 지역주민의 공정한 통제에 의해 실시되어야 한다
④ 효율성의 원리는 교육에 투입되는 비용을 상대적으로 적게 하면서 교육목표를 달성하려는 것이다.

9. 조건정비론에 대한 설명으로 옳지 않은 것은?

① 교육행정은 그 자체에 목적이 있는 것이 아니라 교수 학습을 통해 교육목표를 달성하도록 돕는 수단이다.
② 교육행정은 교육자와 학생 간에 이루어지는 교육활동을 지원하기 위한 보조적 활동이다.
③ 교육행정은 의사소통 등 협동, 의사 결정 과정을 주목하는 활동이다.
④ 교육행정은 근본적으로 교육의 기본 목표를 보다 능률적으로 달성토록 하기 위한 일련의 지원활동이다.

10. 실험연구의 내적 타당도 위험 요인에 대한 설명으로 옳은 것은?

① 성숙 - 사전검사와 사후검사 사이에 종속 변인에 영향을 줄 수 있는 특수한 외적 사건
② 통계적 회귀 - 극단적인 측정값으로 집단을 구성하였는데, 다음 측정에서는 처치와 관계없이 덜 극단적인 값이 나오는 것
③ 선발 - 참가자가 연구에서 탈락하여 처치의 영향을 알기 힘든 것
④ 역사 - 연구 기간 동안 연구 참여자들에게 일어날 수 있는 신체적, 정신적 변화

11. 다음에 해당하는 개념은?

> • Emile Durkheim에 의해 최초로 주장된 이론으로 긴장이론(strain theory)의 뿌리를 이룬다.
> • 한 사회를 지배하는 강력한 가치관이 세력이 약화되고, 한 가지 이상의 서로 다른 가치관이 동등한 세력을 가지면서 한 사회 내에서 공존하는 현상을 의미한다.

① 아노미　　　　　② 쿠레레
③ 아비투스　　　　④ 헤게모니

12. 뒤르껭의 교육사회학적 입장에 대한 설명으로 옳지 않은 것은?

① 도덕이념은 변한다고 보았으며 집합의식이 유지되려면 기성세대의 역할이 필요하다고 보았다.
② 사회의 동질성을 유지하기 위해 한 사회의 공통적인 감성과 신념, 집단의식을 새로운 세대에 내면화시키는 보편적 사회화가 필요하다고 주장하였다.
③ 아동에게 도덕적, 지적, 신체적 계발을 중요하게 보았다.
④ 특정성을 통해 학습자의 흥미와 적성을 고려해야 한다고 주장하였다.

13. 교육평등에 대한 설명으로 옳은 것은?

① 헌법 제 31조 1항과 교육기본법 제 4조는 교육조건의 평등과 관련이 있다.
② 결과적 평등은 취학기회의 평등만이 아니라 우수한 학교에 평등하게 취학하는 것을 의미한다.
③ 교육 과정의 평등은 학교의 시설, 교사의 자질, 교육과정 등의 측면에서 학교 간의 차이가 없어야 한다는 것이다.
④ 보장적 평등을 위한 정책으로는 저소득층의 취학 전 어린이들을 위한 보상교육(compensatory education)이 있다.

14. 포스트모더니즘과 관련된 교육적 주장으로 옳은 것은?

① 교육은 문화의 기본적 가치 실현을 위한 새로운 사회질서 창조에 기여해야 한다.
② 미국 정부가 과거에 주도했던 '기초 회귀(Back-to-basics)'운동은 본질주의 입장의 재현으로 볼 수 있다.
③ 교육을 교육의 논리가 아니라 정치·경제·사회의 논리에 의해 해석하는 경향이 있다.
④ 지식의 절대적인 기초와 진리의 보편타당성을 부정하는 상대적 인식론이다.

15. 피터스의 교육의 준거에 대한 설명으로 옳은 것은?

① 규범적 준거에 따르면 교육은 교육받는 사람의 의식과 자발성을 전제로 해야한다.
② 과정적 준거는 가치 있는 것을 전달함으로써 그것에 헌신하는 사람을 만들어야 한다.
③ 인지적 준거는 교육의 규범적 준거가 방법 면에서 상세화된 것을 말한다.
④ 인지적 준거에 따르면 교육은 일반적인 훈련과 달리 전인적 계발을 지향해야 한다.

16. 서원에 대한 설명으로 옳은 것만을 모두 고르면?

> ㄱ. 원규(院規) 혹은 학규(學規)라고 규약을 갖추고 있었다.
> ㄴ. 재정은 국가에서 지급한 학전(學田)과 지방의 재정으로 충당했다.
> ㄷ. 선현 존숭(尊崇)과 후진 양성을 목적으로 하는 중등 교육기관이다.
> ㄹ. 점차 교육기관으로서의 기능은 쇠퇴하여 문묘에 제사 지내는 기능만 남게 되었다.

① ㄱ ㄴ　　　　　② ㄱ,ㄷ
③ ㄴ, ㄹ　　　　　④ ㄷ, ㄹ

17. 동기이론에 대한 설명으로 옳지 않은 것은?

① 동기 위생 이론은 직무 만족과 직무 불만족은 서로 독립된 별개의 차원으로 간주하며, 각 차원에 작용하는 요인 역시 별개로 본다.

② 아지리스는 교육 조직의 조직관리자는 구성원을 성숙한 인간으로 대우하고 그러한 조직문화 풍토를 조성하는 데 최선의 노력을 기울여야 한다고 보았다.

③ 포터와 롤러는 기본적인 능력이 안된다 하더라고 노력을 통해 높은 업무실적을 기대할 수 있다고 보았다.

④ 아담스의 공정성 이론에 따르면 과대보상과 과소보상 모두 불공정성을 자극한다고 주장하였다.

18. 학교예산 편성 기법에 대한 설명으로 옳은 것은?

① 영기준예산 제도는 프로그램을 통하여 장기적인 계획수립과 단기적인 예산편성을 유기적으로 결합시킴으로써 정부의 자원을 합리적 과학적으로 배분하려는 제도이다.

② 성과주의예산제도는 통제중심에서 관리중심로 전환시키면서 예산집행의 효율성을 제고시키려는 제도다

③ 기획예산제도는 한정된 재정규모 내에서 효율적인 배분을 강조하기 때문에 능률적이라는 장점이 있다.

④ 품목별예산제도는 전교직원들이 참여하도록 유도하어 자발적인 사업 구상과 실행을 유인할 수 있다는 장점이 있다.

19. 평생교육학자와 문헌이 올바르게 연결된 것은?

> ㄱ. 렝그랑 – 존재를 위한 학습
> ㄴ. 들로어 – 학습 : 그 안에 담긴 보물
> ㄷ. 포르 – 평생교육에 대한 입문
> ㄹ. 다베 – 평생교육과 학교 교육과정

① ㄱ, ㄹ 　　　② ㄱ, ㄷ

③ ㄴ, ㄷ 　　　④ ㄴ, ㄹ

20. 서양 교육사상가의 교육사상과 실천에 대한 설명으로 옳은 것은?

① 코메니우스는 교육의 목적을 3H(Heart, Head, Hand)'의 조화로운 발달에 두고 노동을 통한 교육과 실물과 직관의 교육을 스스로 실천하였다.

② 페스탈로치는 교육의 내용으로 삼는 지식의 유형으로 종교, 자연, 수학, 언어, 예술 등이 있다.

③ 루소는 통일의 원리와 만유 재신론을 주장하였다.

④ 헤르바르트는 칸트가 규정한 개인윤리의 기본적인 원칙을 그대로 수용한 것인 내적 자유의 이념을 주장하였다.

1. 교육과정 이론에 대한 설명으로 옳은 것은?

① 경험중심 교육과정은 반성적 사고를 통한 문제해결 강조한다.

② 교과중심 교육과정은 학생의 탐구활동을 통한 발견학습과 지식의 전이를 강조한다.

③ 인본주의 교육과정은 교과의 논리와 학습자의 심리가 동시에 고려되어야 한다

④ 학문중심 교육과정은 문교과 학습에서 흥미가 없는 교과라도 학습자의 노력이 중시한다.

2. 2022 개정 교육과정에 근거해 볼 때, (가)에 들어갈 기초소양은?

> (가)는 다양한 기호, 양식, 매체 등을 활용한 텍스트를 대상, 목적, 맥락에 맞게 이해하고, 생산, 사용하여 문제를 해결하고 공동체 구성원과 소통하고 참여하는 능력이다.

① 언어소양

② 수리소양

③ 디지털소양

④ 협력소양

3. 에릭슨(E. Erikson)의 사회심리적 발달이론에 대한 설명으로 옳지 않은 것은?

① 발달은 선천적으로 예정된 시점에 따라 이루어진다.

② 현 단계의 위기를 극복하지 못해도 다음단계로 넘어 갈 수 있다.

③ 심리사회적 발달단계에 따라 신뢰성을 키우기 위해서는 무엇이든 스스로 할 기회를 많이 가져야 한디.

④ 정체성을 형성하기 위해서는 자서전을 쓰게 하는 방법이 있다.

4. 행동수정방법에 대한 설명으로 옳은 것은?

① 타임아웃 : 부적응 행동을 했을 때, 긍정적 강화를 받을 수 있는 기회를 박탈하는 방법

② 행동연쇄(chaining) : 현재 하지못하는 행동을 하기 위하여 단계적으로 행동을 형성해 주는방법

③ 용암법(fade out) : 반응에 도움을 주는 단서를 점차적으로 줄여서 후에는 단서가 없이도 반응 하는 방법

④ 행동형성법(shaping) : 일련의 행동이 연속적으로 단계에 따라 서로 자극 - 반응으로 연쇄되어 일어나도록 하는 방법

5. 인지주의 학습이론에 대한 설명으로 옳은 것은?

① 감각기억 - 새로운 정보를 우리의 마음속에 그림으로 만드는 과정

② 정교화 - 장기기억 속에 있는 정보를 작업기억으로 가져오는 과정

③ 작업기억 - 새로운 정보를 조작하여 저장하거나 행동적인 반응을 하는 과정

④ 메타인지 - 기존에 가지고 있던 정보를 새로운 정보에 연결하여 정보를 유의미한 형태로 바꾸는 과정

6. 스턴버그의 지능이론에 대한 설명으로 옳지 않은 것은?

① 인간이 어떠한 문제를 해결하고 지적으로 행동하기 위한 정보를 어떻게 모으고 사용하는지의 관점에서 지능을 바라보았다.

② 지능이 분석적, 창의적, 실제적 지능으로 구성된다고 주장하였다.

③ 다양한 측면의 지능을 인정하는 다중지능이론을 주장하였다 .

④ 일상적인 문제와 사회적 상황을 효과적으로 처리하고 반응하는 것이 지능의 주요 요소 중 하나이다.

7. 다음 설명에 해당하는 방어기제는?

> • 상대와 비교해서 자신이 무능하다고 느끼는 사람이 상대의 바람직한 점을 자신에게 받아들여 자신과 유능한 사람이 같다고 여기는 것
> • 부모가 자식의 성공을 자신의 성공으로 여긴다.

① 동일시 ② 치환
③ 승화 ④ 투사

8. <보기>의 내용과 가장 관련이 있는 교수·학습이론은?

> <보기>
> • 기본적 원리나 개념의 이해를 통해 전이의 가능성을 최대로 한다.
> • '문제인식, 가설설정, 가설검증, 적용'의 순으로 진행된다.
> • 어떤 교과든지 지적으로 올바른 형식으로 표현하면 어떤 발달 단계에 있는 아동에게도 효과적으로 가르칠 수 있다.

① 브루너의 발견학습

② 오수벨의 유의미학습이론

③ 콜린스의 인지적 도제이론

④ 블룸의 완전학습

9. 다음 설명에 해당하는 협동학습기법은?

> 모둠원들에게 학습과제를 세부 영역으로 할당하고, 해당 세부 영역별로 전문가 집단을 구성한 후 전문가 집단별로 학습한다. 이후, 원래 모둠에 돌아와서 동료학습자를 교육한다.

① 직소모형(Jigsaw)

② 팀토너먼트게임모형(TGT : Teams Games Tournament)

③ 팀보조개별학습모형(TAI : Team Assisted Individualization)

④ 성취과제분담모형(STAD : Student Teams Achievement Division)

10. 평가에 대한 설명으로 옳은 것은?

① 규준참조 평가는 학생들의 상대적 서열에 초점을 맞춰 능력의 변별에 관심을 둔 평가이다

② 성장참조 평가는 학습목표를 설정해 놓고 이 목표에 비추어 학습자 개개인의 학업성취 정도를 따지려는 것이다.

③ 준거참조 평가는 학업 증진의 기회를 부여하고 평가의 개별화를 강조한다.

④ 규준참조 평가는 학업 성취도를 검사하기에 가장 유용한 방법이다.

11. 학교조직의 유형에 대한 설명으로 옳지 않은 것은?

① 이완결합체제로서의 학교는 조직의 효율적인 운영을 위해서 신뢰의 원칙이 중요하다

② 이중조직으로서의 학교는 학교행정가와 교사는 느슨한 결합의 관계를 보이지만, 수업시간 운영과 학습집단 구성, 인적·물적 자원의 활용 등에서 교사와 학교행정가는 엄격한 결합 관계를 보인다.

③ 조직화된 무정부로서의 학교는 학교운영 기술뿐만 아니라 교수학습 기술이 분명하지 않다.

④ 이완결합체제로서의 학교보다 이중조직으로서의 학교가 더 많은 자유재량권과 자기결정권을 제공한다.

12. 계몽주의의 관련된 설명으로 적절하지 않은 것은?

① 교육은 합리적인 자연의 원리에 합당해야 한다는 교육방법의 원칙을 채택한다.

② 교육의 목표를 사회적 분업에 따른 유용한 인간을 양성하는 데 둔다.

③ 실생활에 기초한 교육이다.

④ 직관적인 교육방법을 비판하고 분석적인 교육방법을 강조하였다.

13. 현대사회의 학력 상승 원인과 관련된 이론에 대한 설명으로 옳지 않은 것은?

① 기술기능이론은 슐츠의 인간자본론이 주장하는 교육과 경제성장의 관계에 관한 이론과도 일맥상통한다.

② 학습욕구이론의 학력의 양적 팽창은 학력의 평가 절하 현상을 초래하기도 한다고 주장한다.

③ 지위경쟁이론에서는 학력 간 임금격차가 치열한 대학입시 경쟁을 더욱 심화시켜 학력이 계속 높아진다고 설명한다.

④ 국민통합이론은 정치단위인 국가의 이데올로기 통합 과정에서 교육제도가 수행하고 있는 정치적 기능을 새롭게 지적하였다는 데 의의가 있다.

14. 교육의 목적을 내재적·외재적 목적으로 구분할 때, <보기>에서 외재적 목석에 해당하는 것으로만 묶은 것은?

> ㄱ. 국가 경쟁력 강화
>
> ㄴ. 지식의 형식 추구
>
> ㄷ. 인적 자원의 개발
>
> ㄹ. 합리적 마음의 계발

① ㄱ, ㄴ   ② ㄱ, ㄷ

③ ㄴ, ㄹ   ④ ㄷ, ㄹ

15. 다음 내용과 가장 관련이 있는 교육관은?

> • 인류의 전통과 문화유산을 소중히 여기며 교육을 통해 문화의 주요 요소들을 다음 세대에 전달할 것을 강조한다.
>
> • 수월성을 강조하는 오늘날의 교육의 사조와 일맥상통한 면이 있다

① 재건주의   ② 항존주의

③ 포스트모더니즘   ④ 본질주의

16. 비판적 교육철학에 대한 설명으로 옳은 것은?

① 교과지식의 획득보다는 사회의 구조적 문제해결에 더 관심을 둔다.

② 관념적인 지식 위주 교육을 비판하고 학생 스스로 각성하여 자아를 발견하는 것을 중시한다

③ 이차적 또는 반성적이라는 성격상 교육의 가치나 실천의 문제에 소홀한 한계를 지닌다.

④ 교육적 언어의 의미 분석, 교육적 개념의 명료화를 중요시하였다.

17. 다음과 같은 교육관이 기초하고 있는 현대 교육철학 사조는?

- 메논이 부리고 있는 '완전히 무지한 노예'에게 일종의 학습실험을 하면서 노예 스스로 답을 찾아갈 수 있음을 보여준다.
- 교사가 이미 알고 있는 정답을 미리 알려주지 않고 학생 스스로 그 답을 찾도록 한다.
- 제대로 알면 도덕적인 행동으로 나타나고 비도덕적인 행동을 한다면 제대로 알지 못한 고 본다.

---

① 아퀴나스(T. Aquinas)

② 소크라테스(Socrates)

③ 프로다고라스(Protagoras)

④ 아리스토텔레스(Aristoteles)

18. <보기>는 고려에 사신으로 왔던 송나라 사람 서긍이 『고려도경(고려도경)』에서 고려의 교육 상황을 묘사하고 있는 부분을 발췌한 것이다. <보기>의 내용과 가장 가까운 성격의 학교는?

<보기>

마을의 거리에 경관(經館)과 서사(書社)가 두셋씩 서로 마주보고 있어, 백성들의 미혼 자제가 무리를 지어 머물며 스승을 모시고 경(經)을 배운다. (중략) 또한 어린 아이들도 향선생(鄕先生)에게 가서 배운다. 아아, 성하도다!

---

① 서당

② 향교

③ 국자감

④ 5부학당

19. 학교컨설팅의 원리로 옳지 않은 것은?

① 자발성

② 전문성

③ 자문성

④ 수시성

20. 학점은행제에 해당하는 내용을 모두 고른 것은?

ㄱ. 학점이 누적되어 일정 기준을 충족하면 학위 취득을 가능하게 하는 제도이다.

ㄴ. 전문학사 80학점, 학사 140학점, 기술사 45학점, 기능장 39학점 이상 취득해야 한다.

ㄷ. 해당 제도로 취득한 학점은 독학학위제의 시험 응시자격에 활용될 수 있다.

---

① ㄱ, ㄷ

② ㄱ, ㄴ

③ ㄴ, ㄷ

④ ㄱ, ㄴ, ㄷ

1. 스펜서(H. Spencer)의 교육과정이론에 대한 설명으로 옳지 않은 것은?

① 대학준비를 위한 고전교육을 비판하였다.
② 실생활을 향상시키는 데 기여하는 지식의 우선순위를 정하였다.
③ 직접적인 자기 보존에 기여하는 활동을 가장 가치 있게 보았다.
④ 개인적 기호와 취미를 만족시키는 여가 활동에 관한 지식을 최상위에 두었다.

2. <보기>의 내용과 가장 관련이 깊은 교육과정은?

<보기>
교사의 인격은 알게 모르게 학생들에게 계속적인 영향을 미친다. 세상을 부정적, 비관적으로 보는 교사 밑에서 배우는 학생들은 자신도 모르는 사이에 세상에 대한 부정적 견해를 가지게 되기 쉬우며, 교사로부터 사랑과 관심을 많이 받은 학생은 따뜻한 마음의 소지자가 될 가능성이 높다. 만약 한 학교의 여러 교사들이 공통적으로 어떤 인간적 특징을 나타낼 때 그렇게 집단화된 교사의 인격적 특징은 학생의 인성 발달에 더욱 강력한 영향을 미치게 될 것이다.

① 영 교육과정
② 표면적 교육과정
③ 잠재적 교육과정
④ 공식적 교육과정

3. 프로이드의 정신분석학에 대한 설명으로 옳은 것은?

① 초자아는 성격의 도덕적인 부분, 혹은 양심에 해당된다.
② 무의식은 부모나 양육자로부터 영향을 많이 받는 성격 구조이다.
③ 원초아는 욕구충족을 위한 활동 계획을 수립한다.
④ 프로이드(Freud) 정신분석이론의 핵심개념은 무의식으로, 상담의 목표는 무의식화하는 것이다.

4. 가네의 학습 결과 유형에 대한 설명으로 옳지 않은 것을 고르시오.

ㄱ - 언어정보는 여러 가지 기호나 상징을 규칙에 따라 활용하는 것을 말한다.
ㄴ - 선언적 지식에 해당하는 가네의 교육목표는 지적기능이다.
ㄷ - 운동기능은 비교적 오랜기간에 걸쳐 습득되는 창조적 능력이다.
ㄹ - 인지전략은 구체적으로 수행을 결정하는 내적인 경향성이다.

① ㄱ   ② ㄱ, ㄴ
③ ㄱ, ㄴ, ㄷ   ④ ㄱ, ㄴ, ㄷ, ㄹ

5. 조나센의 구성주의 학습환경 설계 모형에 대한 설명으로 옳은 것은?

① 조나센은 4개의 학습 요소들과 3가지의 교수활동을 제안하였다.

② 교수지원 활동으로서 구체화는 배운 내용에 대한 반성적 사고와 명료화를 유발한다.

③ 교수지원 활동으로서 탐색은 학습자가 수행하는 과제에 초점을 두고 학습자의 수행을 체계적으로 지원하는 것이다.

④ 교수지원 활동으로서 모델링은 가장 쉬운 전략으로 전문가의 수행 행동에 초점을 맞춘다.

6. 성장참조평가에 대한 설명으로 옳지 않은 것은?

① 최종 성취수준 보다 초기 능력수준에 비추어 향상의 정도에 관심을 둔다.

② 교수적 기능이나 상담적 기능이 있는 개별화 수업에 적합한 평가이다.

③ 부적 편포를 기대하기 때문에 개인 간의 차이를 변별하기가 용이하다.

④ 사전 측정치와 현재의 측정치의 상관이 낮아야 한다.

7. 문항반응이론에 대한 설명으로 옳은 것을 모두 고르시오.

> ㄱ - 문항 하나하나에 근거하여 분석하는 이론이다.
> ㄴ - 문항 난이도란 문항의 답을 맞힐 확률이 1에 대응되는 능력 수준의 값이다.
> ㄷ - 피험자 집단의 특성에 따라 다양한 문항특성곡선을 그리게 된다.
> ㄹ - 검사의 난이도가 높아지면 피험자의 능력을 추정하기 어렵다는 단점이 있다.

① ㄱ

② ㄱ, ㄴ

③ ㄱ, ㄴ, ㄷ

④ ㄱ, ㄴ, ㄷ, ㄹ

8. 교육행정의 원리에 대한 설명으로 옳은 것은?

① 합법성의 원리는 교육기본법 제 6조의 내용과 관계 깊다

② 자주성의 원리를 통해 공무원 부당한 직무수행과 행정재량권의 남용을 방지할 수 있다.

③ 민주성의 원리는 지방분권과 중앙집권의 적정한 균형을 유지하려는 것이다.

④ 적도집권의 원리가 강화되는 것은 최근의 세계적 현상이다.

9. 호이(Hoy)와 미스켈(Miskel)의 학교 조직에 대한 설명으로 옳지 않은 것은?

① 학교는 하나의 개방된 사회체제이다.

② 학교의 산출로는 성취, 직무 만족, 출석(결석률), 중도탈락 등이 있다.

③ 참여풍토는 교장은 비효과적인 통제를 시도하지만, 교사들은 높은 협동성을 보이며 전문적으로 업무를 수행한다.

④ 일탈풍토는 교장은 일상적이거나 불필요한 잡무만을 강요하고, 교사들은 업무에 대한 관심과 책임감이 없다.

10. 비고츠키(L. Vygotsky)의 인지발달에 관한 견해와 거리가 먼 것은?

① 인지발달은 사회문화적 맥락의 영향을 받는다.

② 어려운 문제를 해결할 때, 내적 언어의 사용 빈도가 증가한다.

③ 근접발달영역은 잠재적(potential) 발달 수준과 실제적(actual) 발달 수준 사이의 영역을 의미한다.

④ 실제적 발달수준은 부모나 교사의 도움을 받아 과제를 해결할 수 있는 능력 수준을 의미한다.

11. 사회인지학습이론의 자기효능감 요인이 아닌 것은?

① 성공경험
② 모델링
③ 사회적 설득
④ 체험활동

12. 지방교육자치에 관한 법률 상 교육감에 대한 설명으로 옳은 것은?

① 시·도의 교육·학예에 관한 사무의 심의기관이다.
② 교육감의 임기는 4년으로 하며, 교육감의 계속 재임은 4기에 한한다.
③ 부교육감은 당해 시·도의 교육감이 추천한 자를 교육부장관의 제청으로 국무총리를 거쳐 대통령이 임명한다.
④ 주민은 교육감을 소환할 권리를 갖지 못한다.

13. 교육재정의 특성으로 옳은 것은?

① 민간경제는 등가교환 원칙에 의하여 수입을 조달하지만, 교육재정은 합의의 원칙에 의한다.
② 공권력을 통하여 기업과 국민 소득의 일부를 조세를 통해 정부의 수입으로 이전하는 강제성을 가지고 있다.
③ 수입이 결정된 후에 지출을 조정하는 양입제출(量入制出)의 원칙이 적용된다.
④ 민간경제는 존속기간이 영속성을 가지고 있는 데 비해, 교육재정은 단기성을 가진다.

14. 저항이론에 대한 설명으로 옳지 않은 것은?

① 인간은 사회구조에 의해서만 영향을 받는 수동적 존재로 이해한다.
② 문제아들은 가부장적 육체문화가 지배하는 부모의 공장문화를 선호한다.
③ 윌리스의 「노동과 학습」에 영향을 받았다.
④ 공장 주변에 위치한 영국의 남녀공학 중등학교를 분석하였다.

15. 다음에 해당하는 개념은?

> • 특정 계급적 환경에서 내면화된 지속적 성향이나 태도를 의미한다.
> • 몸과 마음속에 오랫동안 지속적인 상태로 남아 있는 성향들의 형태를 반영한다.

① 문화적 자본(cultural capital)
② 쿠레레(currere)
③ 패러다임(paradigm)
④ 아비투스(habitus)

16. 교육의 조작적 정의의 설명으로 맞는 것은?

① 교육은 인간의 행동을 계획적으로 변화시키는 것이다.
② 교육은 인간을 인간답게 형성하는 과정이다.
③ 교육은 국가 사회발전을 위한 핵심적 수단이다.
④ 교육은 사회문화를 유지, 존속, 계승하는 것이다.

17. 다음 중 국가와 해당 국가에서 강조하는 교육이 바르게 연결되지 않은 것은?

① 아테네 – 자유교육

② 스파르타 - 군국주의 교육

③ 로마 - 개인주의 교육

④ 중세유럽 - 내세주의 교육

18. 박세무의 동몽선습(童蒙先習)에 대한 설명으로 옳지 않은 것은?

① 성리학의 기본 원리를 도식화하여 쉽게 설명한 목판본 성리학 입문서이다.

② 한국의 단군에서부터 조선시대까지의 역사를 약술하였다.

③ 학습내용을 경(經)과 사(史)로 나누어 제시하였다.

④ 일제 강점기에는 우리 역사를 다룬다는 이유로 서당의 교재로 쓰지 못하게 하였다.

19. 평생교육법과 관련된 내용으로 옳은 것은?

① 평생교육이란 학교의 정규교육과정을 제외한 성인 문자해득교육, 인문교양교육 등을 포함하는 모든 형태의 조직적인 교육활동을 말한다.

②「학원의 설립 · 운영 및 과외교습에 관한 법률」에 따르면 평생직업교육을 실시하는 학원에 학교교과교습학원을 포함한다.

③ 각급 학교의 장은 영리의 목적을 불문하고 법인 및 단체에 위탁할 수 있다.

④ 국가·지방자치단체와 공공기관의 장 또는 각종 사업의 경영자는 평생학습기회의 확대를 위하여 학습휴가를 무급으로만 실시할 수 있다.

20. 2022 교육과정 총론에서 제시된 핵심역량에 해당하지 않는 것은?

① 의사소통 역량

② 자기관리 역량

③ 심미적 감성 역량

④ 협력적 소통 역량

1. 보빗(Bobbitt)의 교육과정이론에 대한 설명으로 옳지 않은 것은?

① 교육에 과학적 관리기법을 적용하였다.
② 원만한 성인생활을 영위하는 데 필요한 준비로서의 교육을 주장하였다.
③ 직무분석을 통한 교육과정 개발을 주장하였다.
④ 타일러(R. Tyler)의 과학적 관리 방법 영향을 받았다.

2. <보기> 중 교육과정에 대한 아이즈너(E. Eisner)의 관점에 해당하는 것은?

<보기>
가. 교육과정 구성과 개발에 있어서 효율성을 우선시해야 한다.
나. 교육과정 개발자는 교육과정 현상에 대한 풍부한 교육적 상상력을 가져야 한다.
다. 교육목표는 구체적으로 표현될 수 있는 학습자의 행동에 초점을 두어야 한다.
라. 교육과정 평가자는 교육 현상을 보고 교육활동의 질을 판단할 수 있는 교육적 감식안을 지녀야 한다.

① 가, 나　　　　② 가, 다
③ 나, 라　　　　④ 다, 라

3. 다음의 지문의 내용과 관련된 사람은 누구인가?

남성과 여성은 도덕적 문제에 대해 서로 다른 입장을 취한다. 남성이 '정의'와 개인의 '권리'라는 관점에서 도덕적 판단을 내리려 한다면 여성은 공동체적 '관계'와 타인에 대한 '배려'와 '책임'이라는 관점에서 판단하려 한다는 것이다.

① 콜버그　　　　② 길리건
③ 에릭슨　　　　④ 프로이드

4. 다음 세 교사의 견해를 설명할 수 있는 동기이론들이 옳게 연결된 것은?

> 이 교사 : 학생들이 새로운 일을 해야 할 때, 그 일을 잘 해낼 수 있는가뿐만 아니라 그 일이 본인에게 얼마나 중요한가에 따라서도 동기 수준이 달라지는 것 같아요.
>
> 최 교사 : 학생들은 자율적이고 싶어해요. 자신의 행동을 스스로 통제하고 조절할 수 있다는 믿음에 의해서 동기가 유발되는 것이지요.
>
> 윤 교사 : 실수를 해도 새로운 일에 도전하고 그 일을 하면서 느끼는 성취감이 중요하다고생각하는 학생들이 있는 반면, 어떤 학생들은 점수도 점수지만 항상 친구들과의 비교를 중요하게 생각하더군요.

	이 교사	최 교사	윤 교사
①	귀인 이론	목표지향성 이론	기대-가치 이론
②	귀인 이론	욕구위계 이론	목표지향성 이론
③	기대-가치 이론	자기결정성 이론	목표지향성 이론
④	기대-가치 이론	욕구위계 이론	자기결정성 이론

5. 실존주의적 상담이론에서 기대불안을 치료하는 방법은?

① 역설적 지향 ② 주장적 훈련
③ 체계적 둔감법 ④ 공감적 이해

6. 캐롤(Carroll)의 학교학습 모형에서 학습자의 변인으로 적절하지 않은 것은?

① 석성 ② 수업 이해력
③ 학습 지속력 ④ 학습기회

7. 교육공학의 주요 특징 중 하나인 체제 접근(systems approach)에 대한 설명으로 옳지 않은 것은?

① 기술적 성격보다는 처방적 성격을 강조한다.
② 교수 학습 활동의 전체적인 관점을 강조한다.
③ 교수 학습 과정에서 내용보다 매체를 강조한다.
④ 구성 요소들 간의 피드백을 강조한다.

8. 신뢰도를 높이는 조건이 아닌 것은?

① 양질의 문항 수
② 높은 난이도
③ 높은 변별도
④ 시험 시간을 제한하지 않는 역량 검사

9. 다음은 한 학생의 과목별 시험 점수와 전체 응시자의 평균 및 표준편차를 제시한 표이다. 표준점수가 가장 높은 과목은?

과목	시험점수	평균	표준편차
국어	95	80	10
영어	84	69	6
수학	74	60	7
과학	75	64	11

① 국어 ② 영어
③ 수학 ④ 과학

10. 다음 <보기>의 내용을 모두 포함하고 있는 장학 이론은?

<보기>
- 대다수의 교사는 주어진 직무 이상으로 책임 감을 발휘할 수 있다.
- 학교의사결정에 교사가 참여함으로써 학교효 과성이 증대되고, 그 결과 교사의 직무만족이 증대된다.
- 학교경영자의 기본 과제는 교사들이 학교의 목표달성에 능력을 최대한 발휘할 수 있는 환 경을 조성하는 일이다.

① 행동과학적 장학
② 과학적관리 장학
③ 인간자원론적 장학
④ 인간관계론적 장학

11. 인간의 행동을 유발하는 요인에 대한 매슬로우 (A. H. Maslow)의 욕구계층이론, 알더퍼(C. P. Alderfer)의 ERG 이론, 허즈버그(F. Herzberg) 의 동기위생이론의 공통적 특징으로 옳지 않은 것 은?

① 인간의 욕구는 목표지향적인 행동을 창출하고 유 지하는 주요 요인이다.
② 타인으로부터 존경받으려는 욕구가 가장 높은 단 계의 욕구이다.
③ 대인관계나 소속감과 같은 사회성을 무시한다면 조직의 효과를 기대할 수 없다.
④ 조직의 효과성을 위해 구성원의 성장과 자아실현 에 대한 욕구를 충족시키는 풍토를 조성해야 한다.

12. 교육기본법에 관련된 내용으로 바르지 않은 것은?

① 국가와 지방자치단체는 교육의 자주성과 전문성 을 보장하여야 하며, 국가는 지방자치단체의 교 육에 관한 자율성을 존중하여야 한다.
② 국가와 지방자치단체는 관할하는 학교와 소관 사 무에 대하여 지역 실정에 맞는 교육을 실시하기 위한 시책을 수립·실시하여야 한다.
③ 국가와 지방자치단체는 교육여건 개선을 위한 학 급당 적정 학생 수를 정하고 이를 실현하기 위한 시책을 수립·실시하여야 한다.
④ 국가와 지방자치단체는 학교운영의 자율성을 존 중하여야 하며, 교직원·학생·학부모 및 지역주민 등이 법령으로 정하는 바에 따라 학교운영에 참 여할 수 있도록 보장하여야 한다.

13. 우리나라의 현행 교육재정의 구조에 대한 설명으 로 옳지 않은 것은?

① 국가가 지방자치단체에 교부하는 교부금은 보통 교부금과 특별교부금으로 나눈다.
② 교육부의 일반회계와 특별회계는 정부가 교육과 학예 활동을 위해 투자하는 예산을 말한다.
③ 교육부 일반회계의 세출 내역 중에서 가장 규모 가 큰 것은 지방교육재정교부금이다.
④ 교육재정의 지출 가운데 시설비가 차지하는 비중 이 인건비에 비해서 상대적으로 크다.

14. 드리븐(R. Dreeben)의 학교사회화 내용 중 다음 의 ( )에 해당하는 것은?

가 : ( )는 스스로 모든 일을 처리하고 책임을 수행하려는 태도
나 : ( )는 자신의 흥미와 적성을 고려하는 태도
다 : ( )는 최선을 다하여 자신에게 부여되는 과 제를 수행하려는 태도

① 가 : 보편성 나 : 독립성 다 : 특정성
② 가 : 보편성 나 : 특정성 다 : 성취성
③ 가 : 독립성 나 : 특정성 다 : 성취성
④ 가 : 독립성 나 : 성취성 다 : 특정성

15. 기능론자들이 주장하는 개인의 사회계층이동을 가장 잘 나타낸 것은?

O: 거의 영향 없음 +: 다소 영향 있음 ++: 많은 영향 있음

16. 다음 내용과 가장 관련이 있는 교육관은?

> • 실재주의(realism)의 원리에 많은 근거를 두고 있는 교육이론이다
> • 교육의 최대 목적은 이성의 계발에 있다.
> • 진보주의를 비판하면서 태동하였다.

① 재건주의
② 항존주의
③ 포스트모더니즘
④ 본질주의

17. 다음 <보기>의 내용은 교육철학의 기능 중 무엇과 관련되는가?

> <보기>
> 교육의 개념은 애매하다. 이것을 더 명료하게 해야한다.

① 사변적 기능
② 분석적 기능
③ 통합적 기능
④ 평가적 기능

18. 조선시대 과거제도로 옳지 않은 것은?

① 조선시대의 과거 제도는 크게 문과, 무과, 잡과로 나누어진다.
② 정시는 조선시대에 3년마다 정기적으로 시행된 과거시험.
③ 부정기 과거 시험은 증광시, 별시, 알성시, 춘당대시 등이 있다.
④ 잡과는 단일 시험으로 초시와 복시로 나누어 행했다.

19. 평생교육의 특징을 설명한 것으로 맞지 않는 것은?

① 연령 제한이 없는 계속교육을 강조한다.
② 학습자의 자기 주도적 학습을 강조한다.
③ 교육에 있어서 융통성과 자율성을 존중한다.
④ 전문교육을 배제한 교양교육과정을 운영한다.

20. 단위 학교 수준에서 교육과정의 탄력적 운영을 위해 도입할 수 있는 운영 방법이 아닌 것은?

① 특정 교과의 수업을 특정 요일에 블록타임제로 운영한다.
② 교과간의 중복된 내용 요소를 분석하여 교과간 통합 운영한다.
③ 교과서에 제시된 내용 순서를 필요에 따라 적절히 바꾸어 가르친다.
④ 학생의 요구와 교사의 판단에 따라 연간 수업 시수를 감축하여 운영한다.

1. 교과 중심 교육과정에 대한 설명으로 가장 옳은 것은?

① 인류가 축적한 문화유산을 체계화한 지식을 중심으로 교육과정을 설계한다.

② 교육의 주된 목적을 지식의 전수에 두고 있으며, 교사 중심의 강의식 수업을 중시한다.

③ 교과 학습에서 흥미가 없는 교과라도 학습자의 노력이 중시한다.

④ 교과의 논리와 학습자의 심리를 우선하여 조직한다.

2. 워커(D. Walker)의 자연주의적 교육과정 개발모형을 잘못 설명한 것은?

① 강령을 표방하고, 해당 강령을 지지하는 자료를 검토하는 강령(platform)단계

② 다양한 대안을 검토하고 이를 토대로 적절한 대안을 도출하는 숙의(deliberation)단계

③ 선택한 대안을 구체적 프로그램으로 만드는 설계(design)단계

④ 정치적 혹은 관료적 압력 등을 배제 한다.

3. 장독립적 학습자와 비교할 때 장의존적 학습자의 특성으로 거리가 먼 것은?

① 실제 상황이 함께 제시되는 학습과제를 잘 해결한다.

② 협동학습을 선호한다.

③ 분석력과 추리력이 요구되는 학습과제를 잘 해결한다.

④ 학습상황을 부분으로 나누기보다는 전체로 지각한다.

4. 학습전략에 대한 설명으로 옳지 않은 것은?

① 부호화(encoding) : 제시된 정보를 처리 가능한 형태로 변형하는 과정으로 만약 정보가 부호화되지 않으면 그 정보는 작업기억에서 사라진다.

② 심상(imagery) - 정보에 대한 시각적 이미지를 머릿속에 표상하는 전략으로, 개념에 대한 정신적 이미지를 만든다.

③ 정교화(elaboration) - 공통 범주나 유형을 기준으로 새로운 정보를 장기기억에 저장되어 있는 정보와 연결하는 부호화 전략이다.

④ 조직화(organization) - 구체적인 방법으로 개요 작성과 개념도가 있으며, 개념도는 개념 간의 관계를 보여 주고 주제와의 관련성을 도형화하는 것이다.

5. 홀랜드(J. Holland)의 직업 성격 여섯 가지 유형 중 실재적(realistic) 유형에 대한 진술로 가장 적절한 것은?

① 통솔력이 있으며 조직의 목적을 달성하기 위해 사람을 관리하는 활동을 선호한다.

② 지구력이 있으며 기계와 도구에 관한 체계적인 조작 활동을 선호한다.

③ 세밀하고 조심성이 많으며 자료를 기록, 정리, 조직하는 활동을 선호한다.

④ 이해심이 많고 다른 사람과 함께 일하거나 다른 사람을 돕는 활동을 선호한다.

6. 메타버스(Metaverse) 기술을 활용한 교육에 대한 설명으로 옳지 않은 것은?

① 다양한 각도에서 수업자료를 탐구하도록 유도할 수 있다.

② 현실에서 직접 경험할 수 없었던 사물, 장소, 역사 속 사건 등을 재현할 수 있다.

③ 투사매체인 실물화상기나 OHP(overhead projector)를 핵심 장치로 활용한다.

④ 학습활동 과정에서 학습자의 흥미와 몰입감을 높일 수 있다.

7. 수업과 학습의 차이점으로 옳은 것은?

① 수업은 종속변수이고 학습은 독립변수이다.

② 수업은 독립변수이고 학습은 종속변수이다.

③ 학습에는 반드시 목표가 있고 수업에는 목표가 있을 수도 있고 없을 수도 있다.

④ 수업은 다의적이고 학습은 일의적이다.

8. 다음 평가에 대한 설명 중 올바른 것은?

① 총괄평가는 수업 중에 실시하는 것으로 교육과정, 학습지도 개선의 기능을 한다.

② 상대평가는 준거지향평가로 목표달성 정도의 파악이 용이하다.

③ 수행평가는 결과를 중시하는 평가이다.

④ 메타평가는 전문가 집단의 평가이다.

9. 다음 <보기>의 내용 중 타일러(Tyler)가 제시한 행동적 수업목표 진술의 3가지 특징은?

<보기>

가. 수업목표 진술은 교사의 행동으로 진술하여야 한다.

나. 행동과 함께 내용도 진술하여야 한다.

다. 기대되는 학습자 행동은 충분히 세분화하여야 한다.

라. 도착점 행동의 상황과 그 준거도 제시하여야 한다.

① 가, 나, 다   ② 가, 나, 라
③ 가, 다, 라   ④ 나, 다, 라

10. 교육행정을 국가의 행정 중 '교육에 관한 행정'으로 보는 것으로 적절하지 않은 것은?

① 법에 따라 법을 해석하여 집행하기 때문에 '법규해석적 정의'라고도 한다.

② 교육행정을 '교육을 대상으로 하는 법적·행정적 작용'이라고 본다.

③ 교육행정의 특수성과 전문성을 강조한다.

④ 교육의 정치적 중립성과 자주성을 간과하고 있다는 문제점이 있다.

11. 허시(Hersey)와 블랜차드(Blenchard)의 지도성 유형에 대한 설명으로 옳은 것은?

① 지시형(telling) - 높은 과업행동과 낮은 관계행동에 적합하다.
② 설득형(selling) - 낮은 과업행동과 높은 관계행동에 적합하다.
③ 위임형(delegating) - 높은 과업행동과 높은 관계행동에 적합하다.
④ 참여형(participating) - 낮은 과업행동과 낮은 관계행동에 적합하다.

12. 우리나라 국·공립 중등학교 교원에 관한 설명으로 옳은 것을 <보기>에서 모두 고른 것은?

<보기>
ㄱ. 교원은 학교의 장이 정하는 바에 따라 다른 공직에 취임할 수 있다.
ㄴ. 교원은 현행범인인 경우 외에는 소속 학교의 장의 동의 없이 학원 안에서 체포되지 아니한다.
ㄷ. 교원은 경제적·사회적 지위를 향상시키기 위하여 각 지방자치단체와 중앙에 교원단체를 조직할 수 있다.
ㄹ. 각급학교 교원의 임용권자는, 교육공무원이었던 자의 지식이나 경험을 활용할 필요가 있을 때, 교원의 자격증을 가진 자 중에서 기간제 교원을 임용할 수 있다.

① ㄱ, ㄴ, ㄷ   ② ㄴ, ㄷ, ㄹ
③ ㄱ, ㄴ, ㄷ, ㄹ   ④ ㄷ, ㄹ

13. 우리나라 교육재정에 대한 설명으로 옳지 않은 것은?

① 지방자치단체 교육비특별회계의 세입 재원에 지방교육재정교부금은 포함되지 않는다.
② 지방교육재정의 가장 큰 재원은 지방교육재정교부금 및 보조금 이다.
③ 국세교육세는 교육세법에 의하여 세원과 세율이 결정되고, 지방교육세는 지방세법에 의하여 세원과 세율이 결정된다.
④ 중앙정부가 부담하는 지방교육재정 교부금 재원은 교육세 세입액 중 일부와 내국세의 일정 비율에 해당하는 금액으로 구성된다.

14. 신교육사회학에 대한 설명으로 바르지 못한 것은?

① 질보다 양을 강조한다.
② 교육의 내용 및 과정을 중시한다.
③ 지식사회학이나 교육과정사회학의 연구에 초점을 둔다.
④ 사회현상학이나 민속방법론과 같은 내용에 역점을 둔다.

15. 다음의 보기 내용을 읽고 맥닐의 방어적 수업과 관련된 내용으로 적절한 것을 고르시오?

<보기>
교사는 학생들에게 '빈칸채우기' 형태의 연습문제를 풀게 하거나 주제의 개요만을 말해주는 방식을 취한다. 이러한 과정을통해 교사가 중요한 주제를 수업시간에 다루었다고 학생들이 느끼게 한다.

① 단편화   ② 신비화
③ 생략   ④ 방어적 단순화

16. 다음 중 '인간은 교육을 받아야 한다는 것'에 대한 설명이 아닌 것은?

① 인간은 무한한 잠재가능성을 가지고 태어난다.
② 인간은 미성숙한 존재로 태어난다.
③ 인간은 환경·유전에 많은 영향을 받는다.
④ 인간은 비교적 오랜 시간 성장기간이 필요하다.

17. 르네상스 시기의 인문주의 교육에 관한 설명으로 옳은 것을 <보기>에서 고르면?

<보기>
ㄱ. 과학혁명의 성과가 반영되어 과학이 가장 중요한 교과가 되었다.
ㄴ. 자유교육을 통하여 완전한 인간과 선량한 시민을 길러 내고자 하였다.
ㄷ. 키케로의 문체를 작문의 유일한 표본으로 삼은 사람들은 언어적 형식주의에 빠져 있다는 비판을 받았다.
ㄹ. 자국 문화와 언어에 대한 관심이 높아지면서 라틴어가 퇴조하고 모국어가 교육의 주된 언어로 자리 잡았다.

① ㄱ, ㄴ
② ㄱ, ㄷ
③ ㄱ, ㄹ
④ ㄴ, ㄷ

18. 신라시대의 국학(國學)에 대한 설명으로 옳지 않은 것은?

① 박사와 조교를 교관으로 두어 교육하게 하였다.
② 필수 과목은 『논어』와 『효경』이다.
③ 독서삼품과를 도입하여 독서의 정도에 따라 관직에 진출시켰다.
④ 수학 기간은 관직에 진출할 때까지 누구에게도 제한하지 않았다.

19. 평생교육의 기본 원리에 대한 설명으로 가장 적절하지 않은 것은?

① 교육의 평등성과 민주성을 기본 이념으로 한다.
② 인생의 각 단계에 교육의 계속성을 추구해야 한다.
③ 학습의 내용, 방법에 있어 신축성과 다양성을 중시해야 한다.
④ 모든 사람을 위한 교육이 이루어질 때까지 학교교육의 기회가 확대되어야 한다.

20. 다음 보기와 관련된 교육철학과 교육과정의 연결로 가장 적절한 것은?

• '학습자의 자아실현을 조장
• 지·덕·체의 전인적 인격완성 추구
• 인간성장의 최대한 발휘
• 정의적인 측면 중시
• 인간소외현상에 대한 반성

① 진보주의 - 경험중심 교육과정
② 본질주의 - 교과중심 교육과정
③ 항존주의 - 학문중심 교육과정
④ 실존주의 - 인간중심 교육과정

1. 경험 중심 교육과정에 대한 설명으로 가장 옳은 것은?

① 교과를 가르치는 방법으로 훈련과 반복을 강조하고 일반적 전이를 가정한다.

② 학문의 핵심적인 아이디어 또는 기본원리 및 개념을 중시한다.

③ 문화유산 가운데 영구적이고 객관적인 사실, 개념, 법칙을 강조한다.

④ 학습자의 삶과 관련이 있는 다양한 경험을 주된 교육내용으로 삼는다.

2. '교육과정 재개념화'에 관한 진술로 옳지 않은 것은?

① 다양한 담론을 활용하여 교육과정을 이해하고자 한다.

② 교육과정 연구에서 양적 접근보다는 질적 접근을 중시한다.

③ 연구의 초점을 교수·학습 과정의 일반적 원리나 모형의 개발에 맞춘다.

④ 역사적, 정치적, 심미적 텍스트로써의 교육과정 탐구한다.

3. 다음과 같은 박 교사의 조리실습 수업을 가장 잘 분석한 것은?

박 교사는 학생들이 다양한 활동을 통해 조리를 경험해 볼 수 있도록 하였다. 조리 재료의 이름을 넣어 노래를 만들어 보도록 하였으며, 조리과정을 몸동작으로 표현해 보도록 하였다. 또한 학생들에게 조리시간에 따른 온도의 변화를 재고 이들 간의 관계를 그래프로 나타내 보도록 하였다. 수업의 마지막 정리 단계에서는 조리과정에 대한 설명과 느낌을 담은 글을 지어보게 하고 이를 서로 이야기 해 보도록 하였다.

① 근접발달영역을 고려해 다양한 비계를 설정해 주려고 하였다.

② 대리적 강화이론을 활용해 조리에 대한 긍정적 태도가 형성되도록 하였다.

③ 다중지능이론에 근거해 학생들의 다양한 지적 능력을 개발시키고자 하였다.

④ 모델링을 통해 조리과정 중의 다양한 인지적 요소가 잘 드러나도록 하였다.

4. 학습의 전이에 대한 설명으로 옳지 않은 것은?

① 초기 학습의 질과 맥락의 영향을 많이 받는다.

② 전이는 학습되었던 상황과 전이가 일어날 상황이 비슷할 때 더 쉽게 발생된다.

③ 유지시연이 도움이 된다.

④ 다양한 사례와 충분한 연습의 기회를 제공할수록 전이가 촉진된다.

5. 프로이트(Freud)의 방어기제와 관련된 것으로 옳은 것은?

① 반동형성 : 심한 스트레스 상황에 처해 어린시절의 행동을 함
② 퇴행 : 자신의 욕구를 만족시키지 못하는 대상에 그럴듯한 이유를 둘러댐
③ 합리화 : 자기가 실제로 가지고 있는 감정과 정반대되는 감정을 나타냄
④ 승화 : 원래의 욕구나 충동을 사회적으로 용납될 수 있는 방식으로 만족시킴

6. 효과적인 수업을 위해 학생들의 출발점 행동을 파악하는 방법으로 가장 적절한 것은?

① 진단평가를 통하여 학급내 성적순위를 파악하는 것
② 가르칠 지식의 위계에 따라 어느 수준의 내용이 이미 학습되었는지 파악하는 것
③ 지난 학기 관련 교과 성적의 학급내 순위를 파악하는 것
④ 표준화 학력검사를 통해 개개인의 학력 수준을 전국 규준에 비추어 파악하는 것

7. 다음에서 제시하고 있는 토의학습 유형으로 올바른 것은?

> 김 교사는 토의학습을 위해 7~8명의 학생을 학습집단으로 편성하였다. 토의학습에 참여한 모든 학생이 상호 대등한 관계 속에서 자유롭게 의견을 교환하도록 하였다. 각 집단은 주제에 관련된 사전 지식이 있는 학생을 사회자로 선출하고 기록자도 선정하였다. 김 교사는 구성원 모두가 발언할 수 있는 기회를 가질 수 있도록 안내하였다.

① 공개토의   ② 원탁토의
③ 배심토의   ④ 단상토의

8. 다음 설명에 해당하는 정의적 특성 측정방법은?

> • 정의적 행동 특성을 측정하는 가장 오래된 측정방법이다.
> • 기존 정의적 행동 특성을 측정할 때 생기는 응답자들의 허위반응이나 가치중립화 경향에 대비하여 만든 측정방법이다.

① 관찰법   ② 사례연구
③ 질문지법   ④ 내용 분석법

9. 교육평가에 관한 설명으로 옳지 않은 것은?

① 수업 시작 전에 학생의 학습준비도를 확인하기 위해 진단평가를 실시하였다.
② 수업을 진행하면서 수업 내용과 관련된 학생들의 오류와 문제점을 확인해서 피드백하기 위해 형성평가를 실시하였다.
③ 학생들 간의 상대적 서열보다는 학생이 무엇을 얼마나 성취하였는가를 확인하기 위해 준거참조평가를 실시하였다.
④ 실시된 평가의 장단점을 평가관련자에게 알려주고 평가의 질적 개선을 도모하기 위해 메타분석을 실시하였다.

10. 그림은 Vroom의 기대이론 모형이다. 빈칸안에 들어갈 말로 알맞지 않은 것은?

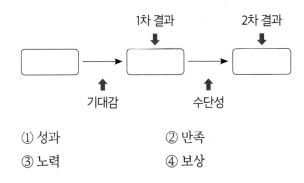

① 성과   ② 만족
③ 노력   ④ 보상

11. 다음과 같은 학교조직의 특성을 나타내는 것으로 옳은 것은?

> • 교원의 직무수행에 대한 엄격하고 분명한 감독이나 평가방법이 없다.
> • 교사들의 가치관과 신념, 전문적 지식, 문화·사회적 배경에 따라 교육내용에 대한 해석이나 교수방법이 다르다.
> • 체제나 조직 내의 참여자에게 보다 많은 자유재량권과 자기결정권을 제공한다.

① 이중조직   ② 온상조직
③ 비공식조직   ④ 이완결합체제

12. 공립 초·중등교사의 공무원상의 분류는?

① 특정직   ② 일반직
③ 별정직   ④ 기능직

13. 지방교육재정교부금법에 대한 설명으로 옳지 않은 것은?

① "기준재정수요액"이란 지방교육 및 그 행정 운영에 관한 재정수요를 제6조에 따라 산정한 금액을 말한다.
② "기준재정수입액"이란 교육·과학·기술·체육, 그 밖의 학예에 관한 모든 재정수입으로서 제7조에 따른 금액을 말한다.
③ "측정단위"란 지방교육행정을 부문별로 설정하여 그 부문별 양(量)을 측정하기 위한 단위를 말한다.
④ "단위비용"이란 기준재정수입액을 산정하기 위한 각 측정단위의 단위당 금액을 말한다.

14. 파슨스(T. Parsons)의 학급 사회화론으로 옳지 않은 것은?

① 사회체계를 유기체 혹은 생존체계로 비유한다.
② 모든 사회체계는 자신의 독립적인 체계를 가지고 있지만, 생존을 위해서 다른 체계와 상호 안정적이고 균형적인 관계를 유지함.
③ 한 사회가 통합적이며 안정적으로 운영되기 위해서는 학생들에게 필요한 특정 역할의 자질과 책임을 발달시켜야 한다고 본다.
④ 학교는 사회적 역할을 잘 수행할 수 있는 학생을 분류하기 위한 선발방법으로 시험의 부정적인 측면을 강조하였다.

15. 다음 보기에서 설명하는 이론의 학자로 옳은 것은?

> • 억압적 국가기구(repressive state apparatus: RSA)는 강제적 힘을 행사하는 경찰, 군, 행정부, 교도관 등으로 구성되어 있다.
> • 이데올로기적 국가기구(ideological state apparatus: ISA)는 교육, 종교, 가족, 법, 정치, 무역, 미디어·문화적 ISA로 구분되며, 자발적 동의를 창출하는 기능을 수행하고 있다.

① 파슨스   ② 알튀세
③ 부르디외   ④ 드리븐

16. 허스트(P. H. Hirst)에 관련된 설명으로 옳지 않은 것은?

① 분석철학적 전통에 서서 교육철학을 하나의 독립된 학문으로 발전시켰다.
② 자유교육의 의미를 '지식의 구조'의 중요성을 통해서 설명하였다.
③ '사회적 활동들 (social practices)'이라는 개념을 제시하였다.
④ '후기 허스트'는 사회적 활동들의 교육을 통한 보다 풍성한 인간삶의 추구라는 논제로 요약될 수 있다.

17. <보기>와 같은 주장을 한 교육사상가는?

> <보기>
>
> 나는 지혜에 관해서는 아무것도 잉태한 것이 없네… 나는 아무것도 모르는 자일세. 나는 영혼과 정신의 생산이라는 사건을 결코 경험해 본 적이 없네. 그러나 내가 대화를 나누었던 사람들은 처음에는 아무것도 모르는 것처럼 보였으나, 대화가 진행되는 가운데 신의 도움을 받아 놀라운 발전을 이룩하였다네. 그들이 나에게 무엇인가 배운 바가 전혀 없이 오직 자신으로부터 많은 아름다운 것을 발견해내고 그것을 확고하게 간직한 것은 명확한 사실이라네.

① 코메니우스　　　② 성 오거스틴
③ 소크라테스　　　④ 아리스토텔레스

18. 우리나라 개화기 교육에 대한 설명으로 옳지 않은 것은?

① 동문학은 통역관 양성을 위한 목적으로 출발하였다.
② 배재학당은 우리나라 최초로 설립된 민간 신식교육기관이다.
③ 육영공원은 엘리트 양성을 위한 목적으로 설립된 관립 신식교육기관이다.
④ 안창호는 대성학교를 실립하여 무실역행을 강조하였다.

19. 평생교육법이 내용과 관련이 없는 것은?

① 평생교육법은 공급자 중심의 닫힌 사회교육체제를 수요자(학습자) 중심의 열린 평생학습체제로 추진하고 있다.
② 직장인들의 계속교육을 위해 "유·무급학습휴가제"를 도입하였다.
③ 인간문화재로 지정된 명인들로부터 일정한 교육을 받은 자에게 그에 상응하는 학력을 인정하는 "문하생 학력인정제도"를 도입하였다.
④ 사내대학의 전문대 및 대학의 졸업자는 학위를 인정하지 않는다.

20. 중앙집권적 교육과정에 비해 지방분권적 교육과정의 단점은 어느 것인가?

① 교사는 수업에 있어서 수동적이기 쉽다.
② 질적으로 수준이 낮은 교육과정이 되기 쉽다.
③ 교육과정 시행이 획일화, 경직화되기 쉽다.
④ 지역의 특수성에 보합할 수 있는 다양한 교육과정의 시행이 어렵다.

1. 학문중심교육과정의 기본관점에 대한 설명으로 옳은 것은?

① 교육과정의 선정시 지식의 구조를 강조하였다.
② 교과의 목적은 사회의 재구조화를 위한 비판적 시민을 양성하는 데 있다.
③ 교과의 지식의 형식을 중시한다.
④ 교과를 가르치는 방법으로 훈련과 반복을 강조하고 일반적 전이를 가정한다.

2. 아이즈너(E. W. Eisner)가 제시한 영교육과정 (Null Curriculum)에 대한 설명으로 옳은 것은?

> - 교육과정 내용이 제시되는 시간적 순서를 의미
> - 단순한 내용에서 복잡한 내용 순으로 제시
> - 전체에서 부분 학습 순으로 제시
> - 구체적인 개념에서 추상적인 개념 순으로 제시

① 공식적 교육과정에서 의도하지 않았으나 학생들이 은연중에 배우게 되는 경험된 교육과정이다.
② 특정한 의미나 실천은 학교 공식적인 지식으로 선택되어 강조되고, 다른 의미나 실천은 무시되거나 배제된다.
③ 교육적 가치가 있음에도 불구하고 공식적 교육과정에서 배제된 교육과정이다.
④ 공적 문서 속에 기술되어 있는 교육계획으로서의 교육과정이다.

3. 다음은 성격 이론과 그 핵심 개념을 나타낸 것이다. (가), (나), (다)에 해당되는 성격 이론은?

> (가)이론 : 무의식적 갈등, 방어기제
> (나)이론 : 자기효능감, 통제 부위, 자기조절, 계획
> (다)이론 : 자아실현, 의미, 책임감, 개인적 신화

	(가)	(나)	(다)
①	정신분석학	인지- 사회학습	인본주의
②	인본주의	정신분석학	인지-사회학습
③	인지-사회학습	인본주의	정신분석학
④	정신분석학	인본주의	인지-사회학습

4. 다음은 피아제(Piaget)의 인지발달에 대한 내용이다. 알맞은 것은?

① 발달단계의 구분은 인지구조의 양적 차이로 나타난다.
② 인지구조(Schema)는 불변하는 지적 조직 형태이다.
③ 새로운 사상을 인지하기 위하여 개인을 이에 맞추어 기존의 인지구조를 변형시키는 것을 동화라 한다.
④ 동화와 조절이 균형을 이룬 상태를 평형이라 하는데 이 때 사고의 실질적인 변화와 함께 만족감을 갖게 된다.

5. <보기>와 같은 특징을 보이는 콜버그(L. Kohlberg)의 도덕성 발달 단계는?

> <보기>
> • 자신의 욕구가 옳고 그름을 결정하는 기준이 된다.
> • 도덕적 행위는 자신과 타인을 만족시키는 수단이라고 생각한다.
> • "네가 내 등을 긁어 주었으니 나도 너의 등을 긁어 줄게."와 같은 입장에서 도덕적 판단을 한다.

① 2단계 : 개인적 보상 지향
② 3단계 : 착한 소년 - 착한 소녀 지향
③ 4단계 : 법과 질서 지향
④ 5단계 : 사회적 계약 지향

6. 다음은 딕과 케리(W. Dick, L. Carey, & J. Carey)가 제시한 체계적 교수설계 모형이다. ㉠에서 수행해야 할 활동으로 가장 알맞은 것은?

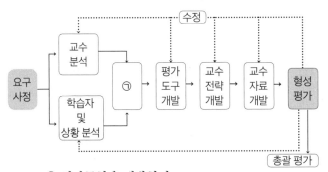

① 평가문항을 개발한다.
② 수업내용을 계열화한다.
③ 사용할 매체의 유형을 결정한다.
④ 학습자의 출발점 행동을 확인한다.

7. 다음 내용을 주장한 사람이 강조한 것은?

> 학교 학습이 기계적인 학습이 되지 않으려면 새로운 지식이나 학습과제를 맹목적으로 암기할 것이 아니라, 학습자의 기존의 인지구조와 관련을 맺도록 하여야 한다. 그렇게 하려면 학습자가 새로운 과제와 관련이 있는 정착지식을 소유하고 있어야 한다.

① 학습자의 개인차를 고려한 개별학습
② 선행조직자를 통한 유의미 언어학습
③ 학습의 내적 조건을 고려한 선행학습
④ 개인차 문제를 해결하기 위한 완전학습

8. 다음 그래프는 문항반응이론의 '3-모수' 모형으로 추정한 문항 난이도. 변별도. 추측도를 바탕으로 그린 문항특성곡선이다. 네 문항의 특성에 대한 설명 중 옳은 것은?

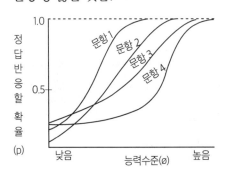

① 문항 1은 능력 수준이 중간 정도인 사람들을 변별하는 데에 적합하다.
③ 문항 2는 문항 1보다 변별도가 높다.
③ 문항 3은 문항 4보다 변별도가 높다
④ 문항 4는 능력 수준이 높은 사람들을 변별하는 데에 적합하다.

9. 컴퓨터화 능력적응검사의 특징으로 옳지 않은 것은?

① 누구에게나 공정하고 정확한 검사결과를 얻을 수 있다.
② 피험자의 능력에 맞는 문제를 제시함으로써 동기를 유발시킨다.
③ 효율적인 검사를 실시할 수 있기 때문에 검사에 소요되는 시간을 단축할 수 있다.
④ 개인마다 같은 형태의 검사를 시행함으로써 검사 도중에 발생하는 부정행위를 방지할 수 있다.

10. 학교조직이 관료제적 특성을 지니고 있다는 설명과 가장 거리가 먼 것은?

① 학교조직에는 직제상 명확하고 엄격한 권위의 위계가 있다.
② 학교는 효율적인 교육을 위해 전문화와 분업의 체제를 갖추고 있다.
③ 학교는 독립된 조직단위로 운영되고, 교사의 주요 교육활동은 교실에서 이루어진다.
④ 학교조직은 교직원의 행동을 일관되게 통제하기 위하여 규칙과 규정을 제정·활용한다.

11. 다음에서 설명하는 정책결정모형은?

> • 정책결정 과정에서 선택되는 대안은 대체로 기존 정책의 문제점을 개선해 나가는 것이라는 전제에서 출발한다.
> • 첨예한 갈등이나 문제를 야기하지 않고 안정적인 정책결정과 집행을 할 수 있다.
> • 정책에 대한 폭넓은 지지를 받기 쉽고 실현가능성이 높은 대안을 선택할 수 있다는 장점을 지닌다.

① 합리모형   ② 점증모형
③ 만족모형   ④ 최적모형

12. 학교안전사고 예방 및 보상에 관한 법률 제8조 학교안전교육의 실시 사항으로 옳지 않은 것은?

① 교통안전교육, 감염병 및 약물의 오남용 예방 등 보건위생관리교육 및 재난대비 안전교육
② 성폭력 예방에 필요한 교육
③ 성매매 예방교육
④ 학교장은 필요에 따라 안전교육을 이론교육만 실시한다.

13. 학교발전기금에 관한 내용으로 옳지 않은 것은?

① 학교운영위원회는 학교발전기금을 조성할 수 있다.
② 학교발전기금의 조성과 운용방법 등에 필요한 사항은 대통령령으로 정한다.
③ 운영위원회는 교육부령이 정하는 바에 따라 발전기금을 운영위원회 위원장의 명의로 조성·운용하여야 한다.
④ 운영위원회는 발전기금의 관리 및 집행과 그 부수된 업무의 일부를 당해 학교의 장에게 위탁할 수 없다.

14. 다음의 내용과 관련되는 학자들로 묶인 것은?

> • 도구적 합리성 비판
> • 해방적 인식관심
> • 사회적 삶의 실질적 조건에 대한 계몽
> • 이상적 담화

① 퍼스(Peirce), 제임즈(James), 듀이(Dewey)
② 니체(Nietzsche), 사르트르(Sartre), 부버(Buber)
③ 비트겐슈타인(Wittgenstein), 피터스(Peters), 허스트(Hirst)
④ 호르크하이머(Horkheimer), 아도르노(Adorno), 하버마스(Habermas)

15. 다음의 ㉠과 ㉡에 해당하는 교육의 평등 개념은?

> A군은 고등학교가 없는 도서 지역의 가난한 집안 출신이다. A군은 육지로 유학을 나가 고등학교에 다닐 수 있는 경제적 형편이 안 되어 걱정이 컸었는데, ㉠ 지방자치단체에서 통학을 위한 배편을 무상으로 지원하게 됨에 따라 집에서 고등학교를 다닐 수 있게 되었다. 더욱이 A군의 담임교사는 미술에 재능이 있는 A군이 작은 시골 학교에서 지도를 제대로 받을 수 없는 상황을 안타깝게 여겨, 방과후학교에 미술 강사를 초빙하여 지도를 받을 수 있도록 하였다. A군은 ㉡ 대도시에서 학교를 다닌 학생들 못지않은 미술 실력을 갖춰 M대학의 장학생으로 입학할 수 있게 되었다.

	㉠	㉡
①	기회의 보장적 평등	결과의 평등
②	기회의 허용적 평등	조건의 평등
③	기회의 보장적 평등	조건의 평등
④	기회의 허용적 평등	결과의 평등

16. <보기>에 열거된 교육 방법을 제시한 교육 사상가와 저서를 바르게 연결한 것은?

<보기>
- 교재는 연령에 따라 배열하고, 아동의 이해력에 알맞게 배당해야 한다.
- 개개의 사물에 대한 지식을 먼저 가르치고 체계에 관해서는 그 다음에 가르쳐야 한다.
- 한 시기에는 한 교과만을 가르쳐야 한다.
- 교재는 학년별, 월별, 일별, 시간별로 명확히 구분하여야 하며, 쉬운 것부터 어려운 것으로 점진적으로 배열해야 한다.
- 체벌로 학습을 강요하지 말고 구체적, 감각적으로 교재를 제시해야 한다.

① 헤르바르트 - 일반 교육학
② 루소 - 에밀
③ 코메니우스 - 대교수학
④ 페스탈로찌 - 린하르트와 게르트루트

17. 우리나라 교육의 역사에 대한 설명 중 옳지 않은 것은?

① 경당(扃堂)은 고려시대의 교육기관으로 최초의 지방 학교였다.
② 향교(鄕校)는 고려시대에 설립되었으나 조선시대에 들어와 크게 확충되었다.
③ 태학은 고구려시대에 설립된 관학(官學)으로서 우리나라 최초의 고등교육기관이다.
④ 신라는 화랑도 제도를 통하여 문무 일치의 교육을 실시하였다.

18. 신라시대의 국학(國學)에 대한 설명으로 옳은 것은?

① 교수와 훈도를 교관으로 두어 교육하게 하였다.
② 6두품 출신 자제들에게만 입학 자격이 부여되었다.
③ 독서삼품과를 도입하여 독서의 정도에 따라 관직에 진출시켰다.
④ 수학 기간은 관직에 신출할 때까지 누구에게도 제한하지 않았다.

19. 랭그랑(P. Lengrand)의 평생교육에 관한 견해에 부합하지 않은 것은?

① 계획적 의도적인 학습 뿐만 아니라 우발적인 학습도 중시한다.
② 교사의 권위에 의존하기보다는 학생의 주도성을 중시한다.
③ 전통문화의 전달보다는 끊임없는 자기발전을 중시한다.
④ 학교교육과는 분리된 형태의 성인교육을 중시한다.

20. 다음은 2022 개정교육과정에서 교육과정의 성격의 일부이다. (가), (나), (다), (라)에 들어갈 말을 바르게 연결한 것은?

- 국가 수준의 (가)_____ 을 바탕으로 지역, 학교, 개인 수준의 (나)_____ 을 추구할 수 있도록 학교 교육과정의 기준과 내용에 관한 기본사항을 제시한다.
- 학교 교육과정이 (다)_____ 을 중심에 두고 주도성과 자율성, 창의성의 신장 등 학습자 성장을 지원할 수 있도록 교육과정의 기준과 내용을 제시한다.
- 학교의 전반적인 교육 체제를 (라)_____ 중심으로 운영할 수 있도록 교육과정의 기준과 내용을 제시한다.

	(가)	(나)	(다)	(라)
①	공통성	다양성	학생	교사
②	공통성	다양성	학생	교육과정
③	다양성	공통성	교사	교사
④	다양성	공통성	교사	교육과정

1. 인간중심교육과정 이론에 대한 설명으로 옳지 않은 것은?

① 현대교육의 비인간성과 몰개성 교과가 주인이 되는 것을 비판하였다.
② 교육의 궁극적인 목표는 인간적 성장, 인격적 통합, 자율성 등의 이상을 추구하는 데 있다.
③ 정의적 특성의 발달보다는 지적 능력의 성취를 강조한다.
④ 교육을 삶 그 자체로 간주하고 학생의 정서를 중시한다.

2. 교육내용의 조직원리인 계열성에 대한 설명으로 옳은 것은?

① 초등학교 과학 시간에 배운 물고기의 명칭을 중학교 과학 시간에도 그대로 반복 학습하였다.
② 민주적 생활태도와 준법성 등의 학습에 유용하다.
③ 수학에서 배운 비율 개념을 지리 시간의 축도 계산에 도움이 되었다.
④ 수학문제가 1학년 때보다 2학년 때에 더 어렵게 출제되었다.

3. 에릭슨(Erikson)의 심리사회적 발달이론 중, 각 단계에서 직면하는 위기와 단계별로 획득해야 할 기본 덕목이 올바르게 연결된 것은?

발달단계	위기	덕목
① 영아기	신뢰 대 불신	충성
② 유아기	주도성 대 죄의식	목적
③ 학령기	근면성 대 열등감	신뢰
④ 청년기	정체감 대 역할혼미	유능감

4. 특수한 학습자와 관련된 설명으로 가장 적절한 것은?

① 학습장애(learning disabilities) : 사회 갈등, 개인 불만, 학교 성적 부진 등을 지속적으로 나타내는 학생을 의미한다.
② 정신지체(mental retardation) : 지능 수준이 낮지 않으면서도 말하기, 쓰기, 읽기, 셈하기 등 특정 학습에서 장애를 보인다.
③ 행동장애(behavior disorders) : 일반적 지적 기능이 심각할 정도로 평균 이하이거나 적응적 행동의 결함을 동반하며, 발달 과정 중에 이러한 특징이 나타난다.
④ 학습부진(under achiever) : 정상적인 학교학습 능력이 있으면서도 선수학습 요소의 결손 때문에 설정된 교육 목표의 최저 학업 성취 수준에 도달하지 못한 학습자를 말한다.

5. 교류분석(Transactional Analysis) 상담이론에 관한 진술로 옳지 않은 것은?

① 어버이 자아는 가치체계, 도덕 및 신념을 표현하는 것이다.

② 어른자아는 현실을 검증하고 문제를 해결하는 합리적이고 객관적인 기능을 한다.

③ 자기결정을 하며 자기 행동 및 삶에 책임을 질 수 있는 존재라고 본다.

④ 어린이 자아는 내면에서 본능적으로 일어나는 모든 충동과 감정 및 5세 이전에 경험한 외적인 일들에 대한 감정적 반응체계를 말한다.

6. 스피로(Spiro)의 인지 유연성 이론(Cognitive Flexibility Theory: CFT)으로 옳지 않은 것은?

① 복잡성이 높은 비구조 문제를 해결하기 위해 필요한 고차원적 지식을 기르는 방법으로 제안되었다

② 급격한 상황 변화에 능동적으로 본인의 지식을 재구조화하여 적응하는 능력(ability)을 강조한한다.

③ 지식을 단순화·구조화하여 제시하는 것은 고차적 습득에 유리하다고 본다.

④ 대부분의 지식은 복잡하고 다원적인 개념으로 형성되어 있다.

7. 다음 내용에 가장 부합하는 교수-학습 방법은?

- 거꾸로 학습이나 거꾸로 교실로 알려져 있다.
- 학습할 내용을 수업 이전에 온라인으로 미리 공부한다.
- 일종의 블렌디드 러닝(blended learning)으로서 학습의 효과를 높이기 위한 전략이다.
- 학교 수업에서 학습자는 질문, 토론, 모둠활동과 같은 형태로 수업에 적극적으로 참여한다.

① 플립러닝(flipped learning)
② 문제 중심 학습(problem-based learning)
③ 자원기반학습(resource-based learning)
④ 교사주도학습(teacher-directed learning)

8. 능력참조평가와 성장참조평가의 특징을 <보기>의 내용과 옳게 짝지은 것은?

<보기>
ㄱ. 학생들의 상대적 서열에 초점을 맞춰 능력의 변별에 관심을 둔 평가이다.

ㄴ. 학생들의 성장단계를 고려해 학년별 성취목표의 달성여부에 관심을 둔 평가이다.

ㄷ. 학생들이 자신의 능력수준에서 그 능력을 얼마나 발휘하느냐에 관심을 둔 평가이다.

ㄹ. 교수·학습 과정을 통한 변화에 관심을 두며 초기 능력 수준에 비해 얼마만큼 능력의 향상을 모였느냐를 강조하는 평가이다.

	능력참조평가	성장참조평가
①	ㄱ	ㄴ
②	ㄱ	ㄹ
③	ㄷ	ㄴ
④	ㄷ	ㄹ

9. 형성평가의 특징에 대한 설명 중 옳은 것으로만 묶인 것은?

ㄱ. 학습이 시작되기 전에 학생의 특성을 체계적으로 관찰, 측정하는 평가이다.

ㄴ. 절대평가를 지향하며 검사도구의 제작과 평가는 교사중심으로 이루어진다.

ㄷ. 학생의 성취 정도를 판단하여 정치(定置)한다.

ㄹ. 준거참조평가와 규준참조평가를 혼용하여 사용한다.

ㅁ. 수업과정에서 학생에게 피드백을 주고 수업방법을 개선하기 위한 평가이다.

① ㄱ, ㅁ   ② ㄱ, ㄹ
③ ㄴ, ㅁ   ④ ㄷ, ㄹ

10. 다음 중 테일러(F. Taylor)가 주장한 과학적 관리론의 원리를 적용한 학교경영 방침은?

① 학교 내의 비공식 조직의 중요성을 인정하고 이들과 협력한다.
② 교원의 성과에 따라 보수를 차등적으로 지급한다.
③ 학생들이 스스로 학습에 재미를 느끼고 공부할 수 있는 환경을 조성한다.
④ 지역사회의 중요성을 인식하고 기업, 상급학교, 교육청 등에 학교를 적극적으로 홍보한다.

11. 칼슨(Carlson)의 조직유형론에서 공립학교처럼 조직이 그 조직에 들어오는 사람을 통제할 수 없고, 조직의 고객도 그 조직에 참여하는 것을 스스로 선택할 수 없는 조직유형은?

① 이완 조직
② 야생 조직
③ 온상 조직
④ 이중 조직

12. 학교안전사고 예방 및 보상에 관한 법률 제8조 학교안전교육의 실시 사항으로 옳지 않은 것은?

① 교통안전교육, 감염병 및 약물의 오남용 예방 등 보건위생관리교육 및 재난대비 안전교육
② 성폭력 예방에 필요한 교육
③ 성매매 예방교육
④ 학교장은 필요에 따라 안전교육을 이론교육만 실시한다.

13. 국·공립 초·중등학교의 학교회계 운영과 관련한 설명으로 옳은 것을 <보기>에서 모두 고른 것은?

<보기>
A. 학교의 장은 회계연도마다 학교회계 세입세출예산안을 편성하여 회계연도가 시작되기 30일 전까지 학교운영위원회에 제출하여야 한다.
B. 학교의 장은 제3항에 따른 예산안이 새로운 회계 연도가 시작될 때까지 확정되지 아니 하여도 다음 각 호의 경비를 전년도 예산에 준하여 집행할 수는 없다.
C. 학교운영위원회는 학교회계 세입세출예산안을 회계연도가 시작되기 5일 전까지 심의하여야 한다.
D. 지방자치단체의 교육비특별회계의 전입금은 학교 회계의 세입항목이 아니다.

① A, C
② B, C
③ A, D
④ B, D

14. 학교교육은 팽창하고 학력이 계속 높아지는 현상을 설명하는 이론 중 다음과 같은 내용을 포함하는 것은?

• 교육팽창을 정치적 요인으로 설명
• 교육은 국민으로서의 정체감을 형성시키는 기제
• 벤딕스(R. Bendix)에 의해 제시

① 학습욕구이론
② 지위경쟁이론
③ 신마르크스주의이론
④ 국민통합론

15. <보기>는 교과서에 포함될 지식의 성격에 관한 최교사의 주장이다. 이러한 주장을 뒷받침하는 인식론은?

<보기>
- 오류가 없는 표준적, 보편적 진리이어야 한다.
- 교과서를 구성하는 언어는 세계의 실재와 대응관계를 유지해야 한다.
- 과학 교과서의 지식은 과학의 발전 과정보다는 공인된 이론이어야 한다.

① 객관주의(objectivism)
② 구성주의(constructivism)
③ 상대주의(relativism)
④ 도구주의(instrumentalism)

16. <보기>는 듀이(Dewey)가 어떤 개념을 설명하기 위해 주장한 내용이다. 어떤 개념인가?

<보기>
- 거리가 있는 두 개의 사물을 연결하는 것이다.
- 노력이나 의무와 대립된 개념이라고 할 수 없다.
- 자아와 사물의 활동적, 유동적 동일성을 의미한다.
- 사람과 재료, 행위와 결과 사이의 거리감을 없앤다.

① 경험 ② 성장
③ 지식 ④ 흥미

17. 삼국시대에서 고려시대까지의 교육에 대한 서술로서 옳지 않은 것은?

① 고구려에는 평민도 교육 받을 수 있는 교육기관이 존재했다.
② 백제는 박사 파견 등을 통해 고대 일본의 학문과 교육 발전에 영향을 미쳤다.
③ 신라의 화랑도 교육에는 고유의 사상 및 종교의 요소가 있었다.
④ 고려의 학교교육은 불교사상을 근간으로 전개되었다.

18. 일제강점기 교육에 대한 설명으로 옳은 것은?

① 1920년대에 소학교를 국민학교로 개칭한 후 일본인과 조선인을 함께 교육하였다.
② 제3차 「조선교육령」 시기에 조선인들의 고등교육에 대한 요구를 충족시키기 위하여 경성제국대학을 설립하였다.
③ 일제의 우민화 정책에도 불구하고 제2차 「조선교육령」 시기에 조선인의 보통학교 재학생 수는 증가하였다.
④ 전쟁인력을 확보하고자 제1차 「조선교육령」 시기에 학교에서 전시준비교육을 실시하였다.

19. 다음은 UNESCO 권고문의 일부이다. 이것이 가장 잘 나타내고 있는 교직에 대한 입장은?

교직은 교사에게 끊임없는 연구를 통한 지식 및 기능을 갖출 것이 요구되는 공공적 직무이며, 담당하는 학생의 교육과 복지에 대해 개인 및 공동의 책임감이 요구되는 업무이다.

① 교직은 전문직으로 인정되어야 한다.
② 교직은 고도의 윤리의식이 요구되어야 한다.
③ 교직은 학생 이익을 위한 이익단체로서 활용해야 한다.
④ 교직이 활성화되기 위해서는 복지후생제도의 마련이 우선되어야 한다.

20. 표면적 교육과정과 잠재적 교육과정의 차이로 옳은 것은?

① 표면적 교육과정이 생활기능과 관련이 있다면, 잠재적 교육과정은 이론, 지식과 관련이 있다.
② 표면적 교육과정은 장기적·반복적인 데 비하여, 잠재적 교육과정은 단기적·일시적인 경향이 있다.
③ 표면적 교육과정은 주로 비지적인 것과 관련이 있다면, 잠재적 교육과정은 지적인 것과 관련이 있다.
④ 표면적 교육과정이 주로 바람직한 것인 데 비하여, 잠재적 교육과정은 바람직한 것과 바람직하지 못한 것을 포함하고 있다.

1. 우리나라에서 '시·도 교육청 교육과정 편성·운영 지침' 작성권이 시·도 교육청에 부여된 시기는 언제부터인가?

   ① 제3차 교육과정
   ② 제4차 교육과정
   ③ 제6차 교육과정
   ④ 제7차 교육과정

2. 타일러(R. Tyler)와 타바(H. Taba)의 교육과정 개발모형이 지닌 특징을 바르게 설명한 것은?

   ① 집단적 '숙의'(Deliberation)의 과정을 거쳐 교육목표를 결정한다.
   ② 학습경험 또는 교육내용의 선정과 조직은 교육목표의 설정에 선행한다.
   ③ 체제접근적·탈역사적인 성격을 가지며 가치중립성을 표방한다.
   ④ 블룸(B. Bloom) 등의 교육목표 분류학이 지니는 문제점을 비판한다.

3. 다음은 귀인이론에서 외적이며 안정성 차원과 관련되는 것은?

   ① 시험 당일 아파서 성적이 안 나왔다.
   ② 시험문제가 너무 어려워 성적이 잘 안 나왔다.
   ③ 중요한 시험이 아니라 공부를 안 해서 성적이 잘 안 나왔다.
   ④ 머리가 나빠서 성적이 잘 안 나왔다.

4. 유리 브론펜브레너(U. Bronfenbrenner)의 생물생태학적 접근 이론으로 옳지 않은 것은?

   ① 미시체계(microsystem) : 개인에게 가장 근접해 있으며 개인과 간접적인 상호작용을 하는 환경체계다.
   ② 중간체계 (mesosystem) : 둘 또는 그 이상의 미시체계가 상호 관련되어 서로 영향을 주고받는 양방향 관계다.
   ③ 외체계(exosystem) : 개인에게 직접 영향을 미치지는 않지만 미시체계나 중간체계에 영향을 미침으로써 개인에게 간접적인 영향을 주는 생태체계를 말한다.
   ④ 거시체계(macrosystem) : 미시체계, 중간체계, 외체계를 모두 포함하는 환경체계다.

5. 학교교육에서 생활지도의 기본 원리로 옳지 않은 것은?

① 교정이나 처벌보다 사전예방과 지도 및 선도에 중점을 두고 있다.
② 학교 교육과정과 통합될 필요가 있다.
③ 문제가 예상되는 학생을 대상으로 생활지도를 한다.
④ 1회성이 아닌 연속적인 과정이다.

6. 가네(Gagne)의 학습결과로 선언적 지식 또는 명제적 지식으로 옳은 것은?

① 지적기능 ② 태도
③ 언어정보 ④ 운동

7. 사회적 협동심을 신장하기 위한 것으로 자기표현력을 증진시키고 인간관계를 깊게 할 수 있는 것은?

① 버즈(Buzz) 학습 ② 구안학습
③ 수용학습 ④ 발견학습

8. 준거참조평가(criterion-referenced evaluation)에 관련된 설명으로 옳지 않은 것은?

① 준거참조평가는 학습자 또는 개인이 무엇을 얼마만큼 알고 있는지를 준거에 비추어 재는 평가를 말한다.
② 학습목표를 설정해 놓고 이 목표에 비추어 학습자 개개인의 학업성취 정도를 따지려는 것이다.
③ 준거참조평가에서는 무엇을 평가할 것인가에 대한 영역을 구체적으로 명시하여야 하고, 이를 근거로 준거를 설정하는 것이 매우 중요하다.
④ 검사 점수의 정상분포를 기대한다.

9. 문항반응이론에 관한 설명으로 옳지 않은 것은?

① 쉬운 검사나 어려운 검사를 실시하여도 검사의 난이도에 관계없이 일관성 있게 피험 자의 능력을 추정할 수 있다.
② 문항반응이론은 문항 하나하나에 근거하여 분석하는 이론이다.
③ 각 문항마다 고유한 문항특성곡선에 의하여 문항을 분석한다
④ 총점에 의하여 문항을 분석하고 피험자 능력을 추정하는 검사이론이다.

10. 골만(Goleman)의 감성 지도성으로 적절하지 않은 것은?

① 지도자의 감성능력은 자기 자신과 주변과의 인간관계를 효과적으로 관리하는 능력이다.
② 자기인식, 자기관리, 사회인식, 사회적 기술 등의 영역으로 나뉜다.
③ 감성 지도성의 구성요인은 개인역량과 사회적 역량으로 나뉜다
④ 조직의 지도자가 구성원 개개인을 지도자로 성장. 변화시키는 지도성이다.

11. 코헨과 마치(Cohen, March)의 쓰레기통모형 특징으로 적절하지 않은 것은?

① 혼란스러운 상호작용 속에서 비합리적이고 우연적 방식으로 이루어진다.
② 조직의 목적은 사전에 설정되는 것이 아니라 자연스럽게 나타난다.
③ 문제와 해결책이 조화를 이룰 때 좋은 의사결정이 이루어진다.
④ 높은 확실성을 강조하는 조직에서 가장 많이 일어나는 정책결정 모형이다.

12. 헌법 제31조에 규정되어 있는 조항을 <보기>에서 모두 고른 것은?

> <보기>
> ㄱ. 모든 국민은 능력에 따라 평등하게 교육을 받을 권리를 가진다.
> ㄴ. 모든 국민은 그 보호하는 자녀에게 적어도 초등교육과 3년의 중등교육을 받게 할 의무를 지닌다.
> ㄷ. 교육의 자주성·전문성·정치적 중립성 및 대학의 자율성은 법률이 정하는 바에 의하여 보장된다.
> ㄹ. 국가는 특수교육을 진흥하여야 한다.
> ㅁ. 학교교육 및 평생교육을 포함한 교육제도와 그 운영, 교육 재정 및 교원의 지위에 관한 기본적인 사항은 법률로 정한다.

① ㄱ, ㄷ, ㅁ   ② ㄱ, ㄴ, ㄷ, ㅁ
③ ㄴ, ㄷ, ㅁ   ④ ㄷ, ㅁ

13. 1970년대부터 교육행정에 대한 과학적 접근의 대안으로 철학적 접근이 대두되어 왔다. 교육행정은 실천철학이라고 주장하는 핫킨슨(Hodgkinson)의 견해와 맥을 같이 하는 것은?

① 교육행정은 가치판단 활동이다.
② 교육행정의 본질은 정책 집행이다.
③ 교육행정은 효율성을 목표로 삼는다.
④ 교육행정의 주 연구 대상은 조직이다. 성이 인간을 해방시키는 것이 아니라 도리어 억압해 왔다고 본다.

14. 다음의 내용은 사회체제로서의 학교의 교육기능 중 어느 것인가?

> • 가정이나 초등학교에서 주로 담당하는 기능으로 사회화 과정이나 기본적 기능의 교육을 담당함을 의미한다.
> • 젊은 세대에게 과거의 문화유산을 전달한다. (전통주의 입장)
> • 학교사회를 수동적 사회체제로 해석한다.

① 유형유지 기능   ② 사회적응적 기능
③ 사회창조적 기능   ④ 사회통합적 기능

15. 젠크스(Jenks)와 동료학자들의 연구인 『불평등』에 근거하여 볼 때, <보기> 중에서 학생의 학업성취에 가장 큰 영향을 주는 2가지 요인은?

> <보기>
> 가. 가정의 사회경제적 배경
> 나. 학생의 인지적 능력
> 다. 교사의 질
> 라. 학교의 물리적 시설 및 환경
> 마. 능력별 반편성

① 가, 나   ② 가, 라
③ 다, 마   ④ 라, 마

16. 피터스(R. Peters)는 교육의 개념을 3가지 준거로 구분하였다. 그 중 규범적 준거(normative criterion)에 근거한 교육의 개념으로 옳은 것만을 모두 고른 것은?

> ㄱ. '무엇인가 가치 있는 것'을 추구하는 활동이다.
> ㄴ. 학습자의 의식과 자발성을 전제하는 것이다.
> ㄷ. 지식, 이해, 인지적 안목을 길러주는 것이다.

① ㄱ   ② ㄷ
③ ㄴ, ㄷ   ④ ㄱ, ㄴ, ㄷ

17. 17세기 서양의 실학주의 철학 사조에서 강조하는 교육의 특징으로 옳은 것은?

① 사회적 실학주의 - 고전연구를 통해 현실생활에 잘 적응하는 유능한 인간 양성을 강조하였다.

② 인문적 실학주의 - 여행과 같은 경험중심 교육을 통하여 사회적 조화와 신사 양성을 교육목적으로 강조하였다.

③ 감각적 실학주의 - 감각적 경험을 통하여 생활의 지식을 습득하며, 이해와 판단을 중시하는 교육방법을 강조하였다.

④ 인문적 실학주의 - 고전중심의 교과를 토의와 설명에 의해 개별적으로 교육하는 것을 강조하였다.

18. 우리나라 최초의 초등교원 양성기관은?

① 육영공원
② 배재학당
③ 원산학사
④ 한성사범학교

19. 독학학위제에 대한 설명으로 옳은 것만을 모두 고른 것은?

> ㄱ. 교양과정, 전공기초과정, 전공심화과정 등의 3개 인정시험을 통과하면, 학사학위를 수여하는 제도이다.
> ㄴ. 학점은행제로 취득한 학점은 일정 조건을 갖추게 되면, 독학학위제의 시험 응시자격에 활용될 수 있다.
> ㄷ. 특성화고등학교를 졸업한 사람은 독학학위제에 응시할 수 없다.
> ㄹ. 교육부장관은 독학학위제의 시험 실시 권한을 평생교육진흥원장에게 위탁하고 있다.
> ㅁ. 과정별 인정시험에 관한 응시자격은 교육부장관이 정한다.

① ㄴ, ㅁ
② ㄴ, ㄹ
③ ㄴ, ㄷ, ㅁ
④ ㄴ, ㄹ, ㅁ

20. 다음은 2022 개정교육과정에서 학교 교육과정의 설계와 운영의 일부이다. (가), (나), (다), (라)에 들어갈 말을 바르게 연결한 것은?

> • 단편적 지식의 암기를 지양하고 각 교과목의 (가)_____를 중심으로 지식·이해, 과정·기능, 가치·태도의 내용 요소를 유기적으로 연계하며 학생의 발달 단계에 따라 학습 경험의 폭과 깊이를 확장할 수 있도록 수업을 설계한다.
> • 교사와 학생 간, 학생과 학생 간 상호 신뢰와 협력이 가능한 유연하고 안전한 교수·학습 환경을 지원하고, (나)_____ 기반 학습이 가능하도록 교육공간과 환경을 조성한다.
> • 각 교과의 특성에 맞는 다양한 학습이 이루어질 수 있도록 교과 교실 운영을 활성화하며, 고등학교는 (다)_____ 기반 교육과정 운영을 위해 유연한 학습공간을 활용한다.
> • 교과의 특성과 학생의 능력, 적성, 진로를 고려하여 학습 활동과 방법을 다양화하고, 학교의 여건과 학생의 특성에 따라 다양한 학습 집단을 구성하여 (라)_____ 수업을 활성화한다.

	(가)	(나)	(다)	(라)
①	지식의 구조	디지털	학점	학생중심
②	지식의 구조	학점	디지털	학생중심
③	핵심 아이디어	디지털	학점	학생맞춤형
④	핵심 아이디어	학점	디지털	학생맞춤형

1. 드리븐의 잠재적 교육과정의 형성 요인으로 옳지 않은 것은?

① 독립심
② 성취감
③ 성인 권위의 수용
④ 학교 교육의 헤게모니

2. 위긴스(Wiggins)와 맥타이(McTighe)가 제시한 이해중심교육과정(백워드 설계)의 세 가지 설계단계에 해당하지 않는 것은?

① 상황 분석하기
② 바라는 결과 확인하기
③ 학습경험 계획하기
④ 수용 가능한 증거 결정하기

3. 다음 설명에 해당하는 동기이론의 기본 심리 욕구가 아닌 것은?

> • 학생은 자기 자신의 행동과 운명을 자율적으로 선택할 수 있다.
> • 학습에 대한 선택권을 제공함으로써 학생의 자율성을 신장시킬 수 있다.
> • 학생이 스스로 과제를 선택할 때, 보다 오랫동안 과제에 참여하고 즐거운 학습경험을 하게 된다.

① 자율성   ② 독립성
③ 유능감   ④ 관계성

4. <보기>의 상위인지(metacognition)에 관한 설명 중, 바른 것끼리 묶은 것은?

> <보기>
> 가. 상위인지에는 개인차가 나타나지 않는다.
> 나. 상위인지의 주요한 기술은 계획, 점검, 평가 등이다.
> 다. 상위인지는 자신의 사고 과정에 대한 인식(지식)이다.
> 라. 상위인지는 추리, 이해, 문제해결 과정에 영향을 주지만, 학습과는 무관하다.

① 가, 나   ② 가, 라
③ 나, 다   ④ 다, 라

5. 프로이드(S. Freud)와 관련이 없는 것은?

① 자유연상   ② 꿈의 해석
③ 전이의 분석   ④ 반결정론

6. 다음 설계원리에 해당하는 학습이론은?

- 생성적인 구성
- 통합교육과정의 형태로 설계
- 상호작용적 비디오디스크와 같은 공학에 기초하여 구성

① 상황학습(situated learning)
② 상호교수(reciprocal teaching)
③ 정착수업(anchored instruction)
④ 인지적 도제학습(cognitive apprenticeship)

7. 개별화 수업의 특징으로 볼 수 없는 것은?

① 교육목표는 학습자 개인의 동기·능력·희망·흥미에 따라 선택되고 결정된다.
② 평가 결과에 따라 교정이 이루어지거나 보충·심화 과제가 주어진다.
③ 효율적인 수업을 위해 교수자가 주도권을 가진다.
④ 학생의 수준과 속도에 따라 학습내용의 분량과 진도 등이 결정된다.

8. 다음 ㉠, ㉡에 들어갈 말로 알맞은 것은?

지능을 알아보기 위하여 머리의 둘레를 정확하게 재었다면, (㉠)는(은) 낮지만, (㉡)는(은) 높다.

	㉠	㉡
①	타당도	신뢰도
②	객관도	타당도
③	신뢰도	타당도
④	객관도	실용도

9. 다음 논술형 문항의 행동지시어 가운데 가장 고차적인 정신능력을 요구하는 것은?

① 한국사회의 병리현상을 열거하라.
② 한국사회의 병리현상을 평가하라.
③ 한국사회의 병리현상을 서술하라.
④ 한국사회의 병리현상을 제시하라.

10. Senge의 학습조직(learning organization)으로 적절하지 않은 것은?

① 체제적 사고
② 개인적 숙련
③ 비전의 공유
④ 규율과 규정

11. <보기>에서 스타인 호프와 오웬((Steinhoff와 Owens)의 학교문화 유형으로 옳은 것은?

> <보기>
> • 학생에 대한 의무 이상의 헌신, 서로에 대한 관심이 중요
> • 모든 사람은 하나의 구성원이며, 애정, 우정, 협동적, 보호를 강조한다.

① 가족문화   ② 기계문화
③ 공연문화   ④ 공포문화

12. 교육기본법 제5조(교육의 자주성 등)의 내용으로 적절하지 않은 것은?

① 국가와 지방자치단체는 교육의 자주성과 전문성을 보장하여야 하며, 국가는 지방자치단체의 교육에 관한 자율성을 존중하여야 한다.
② 가와 지방자치단체는 관할하는 학교와 소관 사무에 대하여 지역 실정에 맞는 교육을 실시하기 위한 시책을 수립·실시하여야 한다.
③ 국가와 지방자치단체가 설립한 학교에서는 특정한 종교를 위한 종교교육을 하여서는 아니 된다.
④ 국가와 지방자치단체는 학교운영의 자율성을 존중하여야 하며, 교직원·학생·학부모 및 지역주민 등이 법령으로 정하는 바에 따라 학교운영에 참여할 수 있도록 보장하여야 한다.

13. 초·중등교육법에 관련된 설명으로 옳지 않은 것은?

① 학교의 장은 교육을 위하여 필요한 경우에는 법령과 학칙으로 정하는 바에 따라 학생을 징계할 수 있다.
② 학생은 교직원 또는 다른 학생의 인권을 침해하는 행위를 하여서는 아니 된다.
③ 학교의 장은 학업에 어려움을 겪는 학생에게 학업 중단과 관련된 기간에 대하여 출석으로 인정할 수 없다.
④ 교육부장관 및 교육감은 학습부진아 등을 위하여 필요한 교재와 프로그램을 개발·보급하여야 한다.

14. 학교교육은 팽창하고 학력이 계속 높아지는 현상을 설명하는 이론 중 다음과 같은 내용을 포함하는 것은?

> • 교육팽창을 경제적 요인으로 설명
> • 산업사회에서 과학기술의 영향
> • 클락(B. Clark)에 의해 제시

① 학습욕구이론
② 지위경쟁이론
③ 기술기능이론
④ 국민통합론

15. 다음 설명에 해당하는 롤스(Rawls)의 교육평등 원리는?

> • '최소 수혜자에게 최대 이익'인 사회적 선을 실현하는 것이 정의로운 사회로 본다.
> • 사회적으로 가장 불리한 입장에 있는 사람의 필요에 특히 신경 쓸 것을 요구한다.
> • 롤스는 정의를 구현하기 위한 과정으로 '공정한 기회균등의 원리'를 강조한다.

① 공정한 경쟁의 원리
② 최대이익의 원리
③ 차등의 원리
④ 평등의 원리

16. 다음 내용과 가장 관련이 깊은 것은?

> • 핵심 주제는 정의, 즉 올바른 삶이다.
> • 올바른 삶을 위해 가장 중요한 것은 이성의 덕인 지혜를 갖추는 것이다.
> • 초기 교육은 음악과 체육을 중심으로 하고, 후기 교육은 철학 또는 변증법을 강조한다.

① 플라톤(Platon)의 『국가론』
② 루소(J. J. Rousseau)의 『에밀』
③ 듀이(J. Dewey)의 『민주주의와 교육』
④ 피터스(R. S. Peters)의 『윤리학과 교육』

17. 고구려시대의 경당에 대해 옳게 진술한 것은?

① 엄격한 국가관리 하에 이루어진 초등교육기관이었다.
② 귀족의 자제 중심의 교육을 담당했다.
③ 문무일치 교육을 하였다.
④ 인재양성과 유교경전의 연구기관이었다.

18. 조선시대 성균관의 학령에 대한 설명으로 옳은 것을 <보기>에서 고른 것은?

> <보기>
> ㄱ. 사서오경과 역사서뿐만 아니라 노자와 장자, 불교, 제자백가 관련 서적도 함께 공부하도록 하였다.
> ㄴ. 매월 옷을 세탁하도록 주어지는 휴가일에는 활쏘기와 장기, 바둑, 사냥, 낚시 등의 여가 활동을 허용하였다.
> ㄷ. 유생으로서 재물과 뇌물을 상의하는 자, 주색을 즐겨 말하는 자, 권세에 아부하여 벼슬을 꾀하는 자는 벌하도록 하였다.
> ㄹ. 매년 여러 유생이 함께 의논하여 유생들 중 품행이 탁월하고 재주가 출중하며 시무에 통달한 자 한두 명을 천거하도록 하였다.

① ㄱ, ㄴ
② ㄱ, ㄹ
③ ㄴ, ㄷ
④ ㄷ, ㄹ

19. 학점은행제에 해당하는 내용을 모두 고른 것은?

> ㄱ. 학교 밖에서 이루어지는 다양한 형태의 학습 및 자격을 대학 학점으로 인정받을 수 있다.
> ㄴ. 전문학사는 총 학점이 80학점 이상이면 조건에 충족한다.
> ㄷ. 해당 제도로 취득한 학점은 독학학위제의 시험 응시자격에 활용될 수 있다.

① ㄱ, ㄷ
② ㄱ, ㄴ
③ ㄴ, ㄷ
④ ㄱ, ㄴ, ㄷ

20. 다음은 2022 개정교육과정에서 학교 교육과정의 설계와 운영의 일부이다. (가), (나), (다), (라)에 들어갈 말을 바르게 연결한 것은?

> • 학교와 교사는 성취기준에 근거하여 교수·학습과 평가 활동이 (가)____ 있게 이루어지도록 한다
> • 학교는 교과목별 (나)____ 과 평가기준에 따라 (다)____ 을 설정하여 교수·학습 및 평가 계획에 반영한다.
> • 개별 학생의 발달 수준 및 특성을 고려하여 평가 계획을 조정할 수 있으며, 특수학급 및 일반학급에 재학하고 있는 특수교육 대상 학생을 위해 필요한 경우 (라)____ 을 조정할 수 있다.

	(가)	(나)	(다)	(라)
①	일관성	성취기준	성취수준	평가방법
②	타당성	성취기준	성취수준	평가방법
③	일관성	성취수준	성취기준	평가결과
④	타당성	성취수준	성취기준	평가결과

1. 애플의 잠재적 교육과정에 대한 설명으로 옳지 않은 것은?

① 문화적이고 이데올로기적인 측면에서도 분석하고 있다.

② 공식적인 교육과정 영역에서도 잠재적 교육과정을 분석하고 있다.

③ 잠재적 교육과정을 숙명적으로 받아들여야만하는 것으로 본다.

④ 헤게모니 투쟁을 통해 잠재적 교육과정을 직극적으로 극복하기 위해 노력할 필요가 있다.

2. 스킬벡(Skilbeck)의 학교중심 교육과정 개발 모형의 특징으로 적절하지 않은 것은?

① 학교의 현실이나 지역적 특수성을 고려하지 않고 대규모의 교육과정에 대한 반작용으로 나타났다.

② 교육과정 개발은 학교 현실이나 상황에 기초하여 이루어진다.

③ 각 학교의 특성을 고려한 교육과정 개발이 용이하다.

④ 단계적인 접근의 선형적 교육과정 개발모형이다.

3. 에릭슨(E. Erikson)의 심리사회적 발달이론 (psycho-social development theory)으로 옳지 않은 것은?

① Freud의 이론을 사회·환경적 상황과 연계하여 확대하였다.

② 사회적 위기가 우세하게 출현하는 최적의 시기는 개인차가 있다고 보았다.

③ 학령기에는 이전 단계에서의 발달적 위기가 반복하여 나타난다고 본다.

④ 심리적 유예기는 정체감 형성을 위해 대안적인 탐색을 계속 진행하는 시기이다.

4. 행동주의 학습이론에 대한 설명으로 옳지 않은 것은?

① 환경은 학습자의 행동에 영향을 끼치는 변인이다.

② 학습은 외현적 행동으로 나타나기 때문에 과학적 연구가 가능하다.

③ 바람직한 행동뿐만 아니라 부적응 행동도 학습의 결과이다

④ 조작적 조건화는 행동의 원인에 따라 이후 행동의 변화가 일어난다고 설명한다.

5. 적절한 시기에 발달과업을 이룩해야 건전한 성격을 형성할 수 있다고 주장한 사람은?

① 헤비거스트(Havighurst)
② 에릭슨(Erikson)
③ 루소(Rousseau)
④ 레빈(Lewin)

6. 하이니히(Heimich) 등의 ASSURE 모형에 따른 교수매체 선정 및 활용 절차이다. ㉠~㉢에 들어갈 절차로 옳은 것은?

> (㉠) - (㉡) - 매체와 자료의 선정 - 매체와 자료의 활용 - (㉢) - 평가와 수정

	㉠	㉡	㉢
①	학습자 분석	학습자 참여유도	목표진술
②	목표진술	학습자 분석	학습자 참여유도
③	학습자 분석	목표진술	학습자 참여유도
④	목표진술	학습자 참여유도	학습자 분석

7. 다음과 같은 특징을 지닌 교육과정에 가장 부합하는 관점은?

> • 학생이 주체적으로 학습에 참여하게 한다.
> • 학생은 자신이 속한 역사적·문화적·사회적 상황을 바탕으로 하여 의미와 지식을 만들어 간다.
> • 학생은 교사의 도움을 받아 가며 동료들과 협동적으로 탐구한다.

① 구성주의
② 인본주의
③ 본질주의
④ 행동주의

8. 다음 중 절대평가의 특징으로 알맞은 것은?

① 개인차 변별에 적합
② 선별적 관점에서의 평가
③ 획일적 교수방법 선호
④ 평가전에 반드시 절대기준 선정이 필요

9. 다음 보기에서 설명하는 측정방법으로 옳은 것은?

> • 모레노(J. Moreno)
> • 집단 내에서 개인의 선택, 선호도를 분석하는 방법
> • 집단의 인간관계 구조, 응집성, 안정성 등을 측정·평가하는데 활용

① 의미분석법
② 사회성측정법
③ 장면선택법
④ 평정기록법

10. 코헨과 마치(Cohen & March)가 주장한 교육 조직의 조직화된 무질서(organized anarchy)의 특징과 관련이 가장 적은 것은?

① 학교 구성원들의 참여가 유동적이고 간헐적이다.
② 교육 조직의 목적은 구체적이지도 명료하지도 않다.
③ 학교의 교육적 책무성이 높다.
④ 학교운영 기술뿐만 아니라 교수 학습 기술이 분명하지 않다.

11. 의사결정 시 이전의 상태보다 다소 향상된 대안을 추구하는 모형은?

① 린드블룸(Lindblom)의 점증모형
② 리츠(Reitz)의 합리모형
③ 드로어(Dror)의 최적 모형
④ 시몬(Simon)의 만족모형

12. 다음 휴직에 대한 내용 중 직권휴직에 해당하는 것은?

① 유학휴직　　　　② 육아휴직
③ 질병휴직　　　　④ 간병휴직

13. 학교예산 편성 기법에 대한 설명으로 옳은 것은?

① 성과주의예산제도(Performance Budgeting System)는 부정과 재정손실이 발생하지 않도록 확인하고 감독하는 통제지향적인 제도다.
② 영기준예산제도(Zero Based Budgeting System)은 전년도 사업을 고려하여 학교목표에 따라 신년도 사업을 재평가하여 우선순위를 정한다.
③ 기획예산제도(Planning Programming Budgeting System)는 합리성을 지나치게 강조함으로써 정치적 과정을 소홀히 할 수 있다는 단점이 있다.
④ 품목별예산제도(Line-Item Budgeting System)는 장기적인 계획수립과 단기적인 예산편성을 유기적으로 결합시킴으로써 정부의 자원을 합리적 과학적으로 배분하려는 제도다.

14. 역기능적 관점에서 본 잠재적 교육과정의 원천이 아닌 것은?

① 학교는 학생들에게 상급 학년으로 올라가는 것을 교육받은 것으로 생각하게끔 가르친다.
② 학교는 교회와 마찬가지로 학생들에게 반드시 필요한 제도로 보게끔 한다.
③ 학교가 학생을 존중하고 수용하기보다 오히려 소외시킨다.
④ 교육받은 사람들은 교육을 통해 비판적 사고를 가진다.

15. 저항이론의 설명으로 적절하지 않은 것은?

① 구성되는 과정에서 우려되는 점은 그 어떤 반대 행위도 면밀한 검토 없이 모두 저항으로 지칭될 수 있다는 점이다.
② 문화적 생산 개념이 유용하게 이용되기 위해서 저항이론에 비판적인 시각이 활성화 되어야한다.
③ 적극적 의지를 가진 자율적 존재일 수 있음을 확인하고 이를 발판으로 교사, 학교 그리고, 교육의 자율성을 확신하였다.
④ 사나이들의 행위는 정신 노동을 거부하고 대신 성차별주의와 인종차별주의로 자신들의 존재를 증명하려는 남성·백인우월주의의 또 다른 표현에 지나지 않는 것으로 해석될 수 있다.

16. 비판이론에 대한 설명으로 틀린 것은?

① 비판철학의 교육학적 과제는 인간성 회복을 위하여 인간의 사회화 과정을 인간화하자는 데 있다.
② 비판이론의 특징은 현대사회를 비판하되 그 책임을 개인에게 돌린다.
③ 사회적 기형, 불평등, 부정의를 비판하고 이를 변화시키는 일에 헌신한다.
④ 인간의 자율성과 인간성을 회복하기 위해서는 자신과 사회현상을 성찰할 수 있는 본래적 이성의 확립이 중요하다고 주장한다.

17. 계몽주의 교육사상으로 옳지 않은 것은?

① 인간 스스로 사고하고 모든 문제를 자신의 이성의 힘으로 따질 수 있게 하는 데 있었다.

② 인간은 자유롭고 평등한 존재라는 전제에서 인간성을 존중하면서 자연적인 발달 및 성숙을 강조한다.

③ 현실세계에서의 행복추구를 목표로 시민교육과 직업교육을 조화롭게 실천하자고 주장하였다.

④ 자신의 심성(心性)에 맞는 문화를 이룩하려고 한 것이 계몽주의 정신의 본질이다.

18. 조선시대에는 "소학을 먼저 배우고 나서 대학을 배워야 한다"는 '소학-대학 계제론(小學一大學 階論)'이 있었다. 이 교육 단계론이 오늘날 도덕 교육에 시사하는 점은?

① 도덕적 행위의 원리를 도덕성 발달 단계에 맞게 가르쳐야 한다.

② 도덕적 원리의 탐구 이전에 도덕적 실천을 몸에 익히도록 해야 한다.

③ 도덕적 행위의 원리를 먼저 이해하여 기본 생활 습관을 몸에 익히도록 해야 한다.

④ 도덕적 행위의 원리를 철저히 이해시켜 좀 더 고차적인 원리를 습득하도록 해야 한다.

19. 학교의 평생교육으로 옳지 않은 것은?

① 각급학교의 장은 평생교육을 실시하는 경우 평생교육의 이념에 따라 교육과정과 방법을 공급자 관점으로 개발·시행하도록 한다.

② 각급학교의 장은 해당 학교의 교육여건을 고려하여 학생·학부모와 지역 주민의 요구에 부합하는 평생교육을 직접 실시하거나 지방자치단체 또는 민간에 위탁하여 실시할 수 있다.

③ 학교의 평생교육을 실시하기 위하여 각급학교의 교실·도서관·체육관, 그 밖의 시설을 활용하여야 한다.

④ 학교의 장이 학교를 개방할 경우 개방시간 동안의 해당 시설의 관리·운영에 필요한 사항은 해당 지방자치단체의 조례로 정한다.

20. 상담의 3가지 구성요소로 옳지 않은 것은?

① 상담사　　　　　　② 내담자

③ 해결문제　　　　　④ 문제해결

1. 교육과정에 대한 재개념주의적 입장을 가장 잘 설명한 것은?

   ① 지식의 구조나 지식의 형식을 교육내용으로 강조한다.
   ② 교육과정 개발에서 참여자들의 토론과 합의를 강조한다.
   ③ 교육내용의 이데올로기적 성격이나 쟁점을 드러내는 데 관심이 있다.
   ④ 교육목표를 가장 중시하고 교육목표와 내용, 방법 간의 일관성을 강조한다.

2. 다음 설명해당하는 이해중심 교육과정 개발(understanding by design)에서 6가지 측면의 다중적 이해(multi understanding)로 적절한 것은?

   - 자신의 학습방식을 반성하는 것이다.
   - 나의 어떤 편견이 문제해결에 방해되는가?

   ① 자기지식   ② 해석
   ③ 관점   ④ 적용

3. 스턴버그의 삼원지능이론(triarchic theory of intelligence)에 대한 설명으로 옳은 것은?

   ① 지능을 내용, 산출, 조작(operation)의 세 차원으로 구성으로 보았다.
   ② 8개의 독립적인 지능이 존재하며, 각각의 지능의 가치는 문화나 시대에 따라 달라진다.
   ③ 지능을 분석적지능, 창의적지능, 실제적지능으로 구성된 종합적 능력으로 보았다.
   ④ 지능의 하위요소로 음악적 지능, 신체운동적 지능, 대인관계적 지능을 제시하였다.

4. 다음 설명에 해당하는 것은?

   계속적으로 강화를 제공하는 것이 아니라 가끔씩 간헐적으로 강화를 제공하되, 반응의 횟수에 기준을 두어 학습자가 주어진 5개의 수학문제를 풀 때마다 한 번의 강화물을 제공해 준다.

   ① 고정간격 강화계획
   ② 변동간격 강화계획
   ③ 고정비율 강화계획
   ④ 변동비율 강화계획

5. 청소년 비행 관련 이론으로 적절하지 않은 것은?

① 낙인 이론에서 낙인은 추측-고정화-정교화 순서로 이루어진다.

② 사회통제 이론은 비행 성향을 통제해 줄 수 있는 사회의 유대가 약해질 때 비행에 빠지게 된다고 본다.

③ 아노미 이론은 문화적인 가치와 사회적 수단 간의 불일치로 인한 사회·심리적 긴장 상태에서 벗어나고자 비행을 시도한다.

④ 합리적 선택 이론은 사회생활을 개인행위자의 합리적 선택의 결과로 설명한다.

6. 다음 내용과 직접 관련된 이론은?

> • Cronbach과 Snow(1977)는 ATI의 방법론적
> • 개념적 기초를 제시하면서 이론적 틀을 만들었다.
> • 학교 수업 장면에서 불안수준이 낮은 학습자는 강의법보다 토의법에서 성취수준이 높다.

① 학교학습이론

② 완전학습이론

③ 적성 처치 상호작용이론

④ 상징적 상호작용이론

7. PBL의 구성 요소로 적절하지 않은 것은?

① 학습자　　　　② 교사

③ 문제　　　　　④ 성취기준

8. 문항분석 시에 문항이 피험자의 능력수준을 가장 잘 알려주는 것은?

① 문항변별도

② 문항의 타당도

③ 문항난이도

④ 문항특성곡선

9. 다음 보기의 내용 중 잘못된 것은?

구분	목적	기능
진단평가	선수학습능력의 결핍 여부 판정	(가)학생의 학습 진전에 관한 피드백 정보제공
형성평가	(나)학습의 동기 위한 교수환경의 개선과 지원	(다)문항분석을 통해 교수방법의 문제점을 발견하여 교수전략에 활용
총괄평가	(라)성적 산출 및 행정적 의사결정	과정의 마지막에 성적확정

① (가)　　　　　② (나)

③ (다)　　　　　④ (라)

10. 장학에 대한 설명으로 옳지 않은 것은?

① 임상장학보다 동료장학이 장학의 범위가 더 넓다.

② 자기장학은 자신의 수업을 녹화하여 분석·평가하며 전문성을 신장한다.

③ 임상장학은 장학활동이 끝난 후 즉시 피드백을 주는 것이 효과적이다.

④ 약식장학은 교장 및 교감의 계획과 주도하에 이루어지는 것으로, 일상적으로 수행되기 때문에 일상 장학이라고도 부른다.

11. 다음 글에서 설명하고 있는 동기 이론은?

> • 앨더퍼의 이론
> • 인간은 여러 가지 욕구를 동시에 경험할 수 있다.
> • 상위 욕구의 계속적인 좌절은 낮은 수준의 욕구로 귀환토록 한다.

① ERG이론
② 욕구위계이론
③ X이론과 Y이론
④ 동기 — 위생이론

12. 우리나라 학교운영위원회의 구성 및 운영에 대한 설명으로 옳은 것은?

① 국·공립학교의 교감은 운영위원회의 당연직 교원위원이 된다.
② 국·공립학교에 두는 운영위원회의 회의는 학교장이 소집한다.
③ 국·공립학교에 두는 운영위원회는 학교교육과정의 운영방법에 대해서 심의한다.
④ 사립학교에 두는 운영위원회는 학교발전기금의 조성·운용 및 사용에 관한 사항을 심의할 수 없다.

13. 지방교육재정교부금 중 특별교부금에 대한 설명으로 옳은 것은?

① 기준재정수요액의 산정 방법으로 포착이 가능한 지역 교육 현안수요가 있을 때 교부한다.
② 특별교부금을 2년 이상 사용하지 아니하는 경우에는 그 반환을 명하거나 다음에 교부할 특별교부금에서 이를 감액할 수 있다.
③ 기준재정수입액이 기준재정수요액에 미달하는 지방 자치 단체에 그 미달액을 기준으로 하여 총액을 교부해야 할 필요가 있을 때 교부한다.
④ 특별교부금 사용에 관하여 조건을 붙이거나 용도를 제한할 수 있으며, 용도를 변경하여 사용하고자 할 때에는 교육감의 승인을 얻어야 한다.

14. 일리치(Illich), 라이머(Reimer) 등이 제기한 탈학교론의 주장에 가장 가까운 것은?

① 학교 교육을 통한 국가 발전의 약속은 제3세계에서나 실현될 수 있다.
② 학교 교육을 통한 성공의 신화를 깨기 위하여 학교 교육을 해체하여야 한다.
③ 학교 사회에서의 폭력이나 소외는 교육의 순기능을 능가하는 부작용을 낳고 있다.
④ 정보 통신 기술을 활용하는 개별 학습이 일반화되면서 학교 체제는 존립 위기에 처해 있다.

15. 교육사회학 연구에서 해석학적 접근이 지니는 특징으로만 묶인 것은?

> ㄱ. 미시적 관점에서 교육과정에 관심을 갖는다.
> ㄴ. 사회현상에 대한 가치중립적이며 객관적 이해를 추구한다.
> ㄷ. 학교에서 일어나는 다양한 상호작용의 장면을 중요시 한다.
> ㄹ. 방법론의 측면에서 질적 방법을 많이 활용한다.

① ㄱ, ㄴ, ㄷ   ② ㄱ, ㄴ, ㄹ
③ ㄱ, ㄷ, ㄹ   ④ ㄴ, ㄷ, ㄹ

16. 아레테(αρετη)의 의미로 옳지 않은 것은?

① 아레테를 발휘한다는 것은 말 그대로 그 활동을 '잘' 수행한다는 것을 의미한다.

② 나름의 '좋음'을 발휘할 때 그 사물은 아레테를 발휘하고 있는 것이 된다.

③ 우리 말로 '덕'으로 번역된다.

④ 인간의 도덕적 측면만을 가리키고 있다.

17. 다음과 같은 이념을 추구하는 교육사조는?

> • 자신 속의 여러 욕구나 감정, 생각 등을 의식하여 대립하는 것을 조화시키고 통합해 간다.
> • 자신과 타인, 자신과 사회 등의 관계를 전체적으로 보아 대립되는 견해를 조화시킨다.
> • 자신과 세계, 인간과 자연과의 관계를 생각하여 조화롭게 살아가는 길을 찾는다.

① 행동주의 교육   ② 본질주의 교육

③ 실존주의 교육   ④ 홀리스틱 교육

18. 다음 중 이황의 '위기지학'의 뜻으로 알맞은 것은?

① 학식을 쌓은 후 지식을 사회에 환원한다.

② 경전을 외워 정치에 입문하여 왕도정치 구현한다.

③ 학문을 배워 인간의 도리와 덕행을 깨달아 실천하는 것이다.

④ 자연현상이 과학적 관찰 연구를 통해 사물의 이치를 밝혀 문제해결에 적용한다.

19. 평생교육법 상 평생학습도시에 대한 설명으로 옳지 않은 것은?

① 국가는 지역사회의 평생교육 활성화를 위하여 특별자치시, 시·군 및 자치구를 대상으로 평생학습도시를 지정 및 지원할 수 있다.

② 평생학습도시 간의 연계·협력 및 정보교류의 증진을 위하여 전국평생학습도시협의회를 둘 수 있다.

③ 전국평생학습도시협의회의 구성·운영에 필요한 사항은 교육부령으로 정한다.

④ 평생학습도시의 지정 및 지원에 필요한 사항은 교육부장관이 정한다.

20. 지루(H. Giroux)의 잠재적 교육과정에 대한 설명으로 옳지 않은 것은?

① 지배적인 헤게모니에 대한 비판을 전개하였다.

② 학교에서 다루는 지식이 사회적 불평등을 재생산해 내는지를 파악할 필요가 있다고 주장하였다.

③ 학교에서 재생산 이데올로기의 작용을 중단시키는 것을 불가능하다고 보았다.

④ 잠재적 교육과정에 관한 논의가 교육 및 사회 변화에 기여할 수 있는 방향으로 나아가야 함을 강조하였다.

1. 아이즈너(E. W. Eisner)가 제시한 영교육과정(Null Curriculum)에 대한 설명으로 옳지 않은 것은?

① 실제로 존재하는 교육과정으로 보았다.

② 영 교육과정은 학교가 설정한 교육목표에 부합해야 한다.

③ 학습자에게 가르칠 만한 가치가 있는 내용으로 선정되어야 한다.

④ 학교가 가르치지 않아 학습자가 배울 기회를 갖지 못하는 것을 뜻한다.

2. 다음 내용과 관계 깊은 교육 내용 조직의 원리는?

> • 교육과정 왜곡이 일어나지 않도록 설계의 각 측면이나 단계에 골고루 비중을 두어야 한다.
> • 교육과정 전문가들은 여러 압력이나 유행에 굴하지 않아야 한다.

① 계열성 ② 수평적 연계성

③ 수직적 연계성 ④ 균형성

3. 마틴 셀리그만(Martin Seligman)등의 연구를 통해 제안된 이론에 근거할 때, (가)에 들어갈 말은?

> ___(가)___ 은 혐오자극에 계속하여 노출되면서 극복을 위한 시도나 노력이 효과가 없다고 느끼고, 그러한 무력감으로 인해 아무런 대응도 하지 않게 되는 현상을 의미한다.

① 집단 무의식

② 근접발달영역

③ 학습된 무기력

④ 잠재적 발달영역

4. 도덕성 발달이론에 대한 설명으로 옳지 않은 것은?

① 피아제(Piaget) - 아동 초기에 초점을 둔 이론으로 도덕성 발달은 동화와 조절의 과정을 거쳐 이루어진다.

② 길리건(Gilligan) - 도덕성은 정의, 평등, 생명과 같은 보편적인 원리를 지향한다.

③ 프로이드(Freud) - 선악을 판단하는 초자아(superego)의 작동에 의해 도덕성이 발달한다.

④ 콜버그(Kohlberg) - 전인습(preconventional) 수준에서 도덕성 발달의 시작은 처벌을 피하기 위한 행동에서 비롯된다.

5. 진로이론에 대한 설명 중 옳은 것은?

① 수퍼(D. Super)의 발달이론에서는 직업 선택이 부모 - 자녀 관계에서 형성된 개인의 성격과 욕구 구조에 의해서 결정된다고 본다.

② 홀랜드(J. Holland)의 인성이론에서는 성격유형과 직업환경을 각각 6가지로 분류하고, 개인의 성격유형에 맞는 직업 환경을 찾아야 한다고 본다.

③ 파슨스(F. Parsons)의 특성요인이론에서는 자아개념을 중요시하며, 진로선택을 타협과 선택이 상호작용하는 적응 과정으로 본다.

④ 블로(P. Blau)의 이론에 따르면 가정, 학교, 지역사회 등의 사회적 요인이 직업 선택에 큰 영향을 미치지 않는다.

6. 딕과 캐리(Dick & Carey) 수업설계 모형에서, 교수분석 단계에 해당하지 않는 것은?

① 수업목표의 학습단계가 분석된다.

② 각 단계를 학습하기 위해서 필요한 선수 지식이나 기능이 무엇인지를 밝히기 위해서 단계별 하위 기능이 분석된다.

③ 분석결과에 따라 상위기능을 먼저 가르치고, 그 다음 관련된 하위목표를 달성하도록 수업순서를 정한다.

④ 분석된 모든 목표와 하위기능을 수행목표 (또는 성취목표)로 진술한다.

7. 데일(Dale)이 제시한 경험의 원추에 근거해 볼 때, 브루너(Bruner)의 인지적 학습단계 중 영상적 단계에 해당되지 않는 매체는?

① 실물 표본   ② TV

③ 영화   ④ 녹음, 라디오

8. 다음 <보기>에서 빈 칸에 들어갈 알맞은 말은?

<보기>

(   )을 측정하는 목적은 전체 분포점수를 가장 잘 나타내는 단일 값을 결정하는 것이다. 또한 여러 집단 간에 비교를 가능하게 해주고, 집단 내 특정 측정치의 위치를 짐작하게 해준다. 흔히 사용되고 있는 (   )에는 최빈치. 중앙치 그리고 평균치가 있다.

① 집중경향치   ② 빈도분포

③ 비율척도   ④ 동간척도

9. 다음 글을 쓴 사람이 응시한 시험에서 95점 이상 획득한 수험생 비율에 가장 가까운 것은?

저는 서울교육 지원 행정을 담당할 모습을 그리며 공부를 하였고 2024년 서울교행 시험에 응시하였습니다. 어느 정도 자신은 있었지만 250명을 선발하는데 5,000명이 응시했다니 걱정이 많이 됩니다. 시험 후에 친구들과 정답을 맞추어보니 95점이 나왔습니다. 얼마 후 교육청에서는 채점결과 평균이 65점이고 표준편차가 10라고 하였습니다.

① 0.5%   ② 2.5%

③ 5.0%   ④ 7.5%

10. 다음에 관련된 행정조직 원리는 어떠한 원리인가?

1인의 상관에게 보고하고 그의 명령과 지시를 받아야 한다는 원리

① 조정의 원리   ② 적도집권의 원리

③ 분업의 원리   ④ 명령통일의 원리

11. 다음에 제시한 이론에 대한 설명으로 옳은 것은?

> 인간의 정서적, 비합리적인 면을 중요하게 생각하여 작업 능률을 향상시키기 위해 고안된 관리 기법이다. 이 기법은 조명 실험, 전화계전기 조립 실험, 면접 프로그램, 건반배선조립 관찰실험 등을 통해 연구를 수행한 결과를 제시한 이론이다.

① 조직 구성원들의 과업을 표준화하여 생산성을 높이는데 기여하였다.

② 인간의 행동은 물질적·경제적 동기에 의해 촉진된다고 전제하였다.

③ 조직의 분업화된 전문 집단으로 만드는 것이 가장 효과적이라고 보았다.

④ 조직의 의사 결정은 광범위한 참여를 통해 이루어져야 한다고 하였다.

12. 초·중등교육법의 내용으로 옳지 않은 것은?

① 교장은 교무를 총괄하고, 민원처리를 책임지며, 소속 교직원을 지도 · 감독하고, 학생을 교육한다.

② 교감은 교장을 보좌하여 교무를 관리하고 학생을 교육하며, 교장이 부득이한 사유로 직무를 수행할 수 없을 때에는 교장의 직무를 대행한다.

③ 석교사는 교장을 보좌하고 교사의 교수 · 연구 활동을 지원하며, 학생을 교육한다.

④ 행정직원 등 직원은 법령에서 정하는 바에 따라 학교의 행정사무와 그 밖의 사무를 담당한다.

13. 지방교육재정교부금제도에 대한 설명으로 옳지 않은 것은?

① 광역시는 담배소비세의 100분의 45에 해당하는 금액을 교육비 특별회계로 전출하여야 한다.

② 기준재정수입액을 산정하기 위한 각 측정단위의 단위당 금액을 단위비용이라 한다.

③ 교육부장관은 기준재정수입액이 기준재정수요액에 미치지 못하는 지방자치단체에 대해서는 그 부족한 금액을 기준으로 하여 보통교부금을 총액으로 교부한다.

④ 특별교부금은 지방교육행정 및 지방교육재정의 운용실적이 우수한 지방자치단체에 재정지원이 필요할 때 교부한다.

14. 프레이리(P. Freire)의 문제제기식 교육에 대한 설명으로 옳지 않은 것은?

① 학생은 비판적으로 사고하는 사람으로 육성되어야 한다고 하였다.

② 학생의 탐구를 막는 것은 마치 폭력을 행사하는 것과 같다고 본다.

③ 학생에게 지식을 수동적으로 축적하게 하는 교육 방식을 비판하였다.

④ 학교에서는 경쟁을 통해 사회 적응력을 키우는 교육을 해야 한다고 본다.

15. 다음 중 '반성적 사고과정 5단계'에서 '가설'을 특히 중시한 사람은?

① 헤르바르트   ② 브루너

③ 듀 이   ④ 킬패트릭

16. 다음과 같은 교육관이 기초하고 있는 현대 교육철학 사조는?

> • 메논이 부리고 있는 '완전히 무지한 노예'에게 일종의 학습실험을 하면서 노예 스스로 답을 찾아갈 수 있음을 보여준다.
> • 교사가 이미 알고 있는 정답을 미리 알려주지 않고 학생 스스로 그 답을 찾도록 한다.
> • 제대로 알면 도덕적인 행동으로 나타나고 비도덕적인 행동을 한다면 제대로 알지 못한 고 본다.

① 아퀴나스(T. Aquinas)
② 소크라테스(Socrates)
③ 프로타고라스(Protagoras)
④ 아리스토텔레스(Aristoteles)

17. 국학(國學)에 관련된 설명으로 옳지 않은 것은?

① 성덕왕 16년(717)에는 왕자 김수충이 당나라에서 공자와 10철 및 72제자의 화상(초상화)을 들여와 국학에 안치 함으로써 문묘(文廟) 제도의 시초가 되었다.
② 국학은 유학교과와 아울러 기술교과가 설치된 종합적인 교육기관으로 발전하였다.
③ 국학의 명칭도 경덕왕 6년에 태학감으로 불렸다가 혜공왕 때 다시 국학으로 변경되었다.
④ 필수 과목은 『논어』와 『소학』이다.

18. 다음 내용을 포함하고 있는 일제강점기의 조선교육령은?

> • 보통학교의 수업연한은 6년으로 한다.
> • 대학 설립에 관한 조항을 두었다.
> • 조선인의 보통학교 재학생 수는 증가하였다.

① 제1차 조선교육령
② 제2차 조선교육령
③ 제3차 조선교육령
④ 제4차 조선교육령

19. 경제협력개발기구(OECD)가 제안한 순환교육에 대한 설명으로 옳지 않은 것은?

① 의무교육과 같은 정규교육 영역을 중심으로 제안한 전략이다.
② 교육은 사적 영역에서 이루어지고 있는 직무교육을 포함한다.
③ 교육은 개인의 전 생애 동안 순환적인 방법으로 배분될 수 있다고 가정한다.
④ 교육과 일, 자발적 비고용 기간, 은퇴가 서로 교차할 수 있다는 것을 기본 원리로 삼는다.

20. 다음 중 우리나라의 현행 평생교육사 제도에 대한 설명으로 옳지 않은 것은?

① 평생교육사의 등급은 1급부터 3급까지로 구분한다.
② 평생교육사 2급은 대학 수준에서, 평생교육사 3급은 전문대학 수준에서 각각 양성한다.
③ 학점인정 등에 관한 법률에 따라 평가인정을 받은 학습과정을 운영하는 교육훈련기관에서도 평생교육사 자격 취득에 필요한 학점을 이수할 수 있다.
④ 평생교육사는 평생교육의 기획·진행·분석·평가 및 교수업무를 수행한다.

1. 타일러(Tyler)가 개념화시킨 교육과정 개발의 네 가지 단계에 해당하지 않은 것은?

① 학습내용의 선정
② 학습경험의 선정
③ 교육목표
④ 학습자평가

2. 파이너의 쿠레레(currere)방법 4단계를 순서대로 나열한 것은?

① 회귀 - 전진 - 종합 - 분석
② 전진 - 회귀 - 종합 - 분석
③ 전진 - 회귀 - 분석 - 종합
④ 회귀 - 전진 - 분석 - 종합

3. Selman의 사회적 조망수용이론의 단계로 적절하지 않은 것은?

① 0단계 : 자기중심적 관점수용단계
② 1단계 : 객관적 조망수용단계
③ 2단계 : 자기반성적 조망수용단계
④ 4단계 : 사회적 조망수용단계

4. 다음과 같은 상황에 가장 적절한 학습이론은?

초등학교 6학년 담임교사가 점심시간에 떠들며 식사를 하고 있는 아동들의 행동을 관찰하고 있다가, 바닥에 떨어진 친구 필통을 주워주는 학생을 지적하여 칭찬을 해 주었다. 그 후 그 학생은 계속해서 착한 일을 많이 하는 것이 눈에 띄었다.

① Lewin의 장이론
② Köhler의 통찰설
③ Skinner의 조작적 조건형성
④ Pavlov의 고전적 조건형성

5. 상담에서 <보기>의 내용을 강조한 인물은?

<보기>
- 열등감과 우월추구
- 생활양식
- 공동체감과 사회적 관심
- 허구적 목적

① 버언(E. Berne)
② 아들러(A. Adler)
③ 로저스(C. Rogers)
④ 프로이드(S. Freud)

6. 다음 중 협력학습이 전통적인 소집단 학습과 다른 점을 가장 잘 나타낸 것은?

① 구성원이 보다 동질적이다.
② 학습자들이 보다 독립적이다.
③ 구성원의 개별 책무성을 더 강조한다.
④ 구성원의 책임공유 정도가 더 적다.

7. 체제적 수업설계 모형에서 가장 먼저 이루어져야 하는 것은?

① 교수전략 설계
② 교수내용 분석
③ 교수목표 설정
④ 교수매체 선정 및 자료 개발

8. 규준참조평가(norm-referenced evaluation)에 관한 진술로 가장 거리가 먼 것은?

① 규준이란 교과에서 설정한 학습목표이다.
② 고등 정신능력의 함양보다는 암기 위주의 학습을 유도할 가능성이 있다.
③ 개인의 집단 내 상대적 위치에 대한 통계처리가 용이하다.
④ '수·우·미·양·가'의 평어를 부여할 때는 미리 정해 놓은 각 등급의 배당비율을 따른다.

9. 검사의 양호도에 대한 설명으로 가장 적절한 것은?

① 안면 타당도는 준거 타당도의 일종이다.
② 신뢰도가 낮아도 타당도는 높을 수 있다.
③ 객관도는 타당도 보다 신뢰도에 가까운 개념이다.
④ 측정오차는 신뢰도보다 타당도에 가까운 개념이다.

10. 동기 이론에 대한 설명으로 옳지 않은 것은?

① Porter와 Lawler의 성취 - 만족이론에서는 보수, 승진, 지위, 안전의 성취에 따른 만족만으로 통제되고 유지된다고 본다.
② 로크(Locke)의 목표설정이론에서는 대부분의 인간 행동은 유목적적이며 행위는 목표와 의도에 따라 통제되고 유지된다고 본다.
③ 브룸(Vroom)의 기대이론에서 유인가(valence)는 목표, 결과, 보상 등에 대해서 개인이 갖는 선호도를 말한다.
④ 허츠버그(Herzberg)의 동기 - 위생이론에 따르면 동기추구자는 욕구체계에서 주로 성취, 인정, 발전 등 상위 욕구에 관심을 둔다.

11. 학교 컨설팅의 원리가 아닌 것은?

① 자발성　　　　② 전문성
③ 자문성　　　　④ 지속성

12. 교육기본법 제4조(교육의 기회균등 등)의 내용으로 적절하지 않은 것은?

① 모든 국민은 성별, 종교, 신념, 인종, 사회적 신분, 경제적 지위 또는 신체적 조건 등을 이유로 교육에서 차별을 받지 아니한다.

② 국가와 지방자치단체는 관할하는 학교와 소관 사무에 대하여 지역 실정에 맞는 교육을 실시하기 위한 시책을 수립·실시하여야 한다.

③ 국가는 교육여건 개선을 위한 학급당 적정 학생 수를 정하고 지방자치단체와 이를 실현하기 위한 시책을 수립·실시하여야 한다.

④ 국가와 지방자치단체는 학습자가 평등하게 교육을 받을 수 있도록 지역 간의 교원 수급 등 교육여건 격차를 최소화하는 시책을 마련하여 시행하여야 한다.

13. 학부모가 지출한 공단기 수업료를 교육비의 기준에 따라 분류할 때, 옳은 것으로만 묶은 것은?

① 직접교육비, 사교육비, 공부담 교육비
② 직접교육비, 사교육비, 사부담 교육비
③ 간접교육비, 공교육비, 공부담 교육비
④ 간접교육비, 공교육비, 사부담 교육비

14. 다음 <보기>에 해당하는 하그리브스(D. Hargreaves) 교사의 역할과 관련된 유형으로 옳은 것은?

<보기>

학생들이 원래 학습하기를 원하는 것은 아니지만 학습자료를 재미있게 하고 학습방법을 잘 적용하면 학생들은 흥미 있게 학습할 수 있다고 믿는 교사들이다. 따라서 이들은 발견학습과 같이 학생들이 스스로 학습할 수 있는 방법을 교사들이 강구할 것을 강조한다.

① 전문가형　　　　② 사자길들이기형
③ 연예가형　　　　④ 낭만주의형

15. 교육의 내재적 목적에 대한 설명으로 옳은 것은?

① 노작교육을 통한 실천적 인간 양성 강조
② 지식교육을 통한 합리적 마음의 계발 강조
③ 직업교육을 통한 전문적 직업인 육성 강조
④ 교양교육과 실용적 교육의 조화 강조

16. 이소크라테스(Isokrates)의 교육사상 및 철학에 대한 설명으로 적절하지 않은 것은?

① 육체의 훈련을 위해서 '체육', 영혼의 단련을 위해서 '철학'이 필요하다고 주장하였다.

② 공공의 선과 행복에 기여하는 훌륭한 웅변가를 양성하는 데 주요 목적을 두었다.

③ 입신양명에 교육목적을 둔 소피스트들과는 달리 자신은 소피스트가 아니라고 주장하였다.

④ 『국가』에서 능력에 따라 구분된 계급에 적합한 교육을 시켜야한다고 주장하였다.

17. 계몽주의 교육사상가들이 채택한 교육방법의 원칙으로 옳지 않은 것은?

① 교육은 합리적인 자연의 원리에 합당해야만 한다.
② 실생활에 기초한 교육이다.
③ 실물을 이용한 직관적 교육방법이다.
④ 인간 본성의 미적, 지적 차원의 조화로운 발달을 추구하였다.

18. 조선시대 성균관에 대한 설명으로 옳지 않은 것은?

① 문묘와 학당이 공존하는 묘학(廟學)의 형태를 띠고 있었다.
② 고려의 국자감과 달리 순수한 유학(儒學) 교육기관으로 운영되었다.
③ 유생들이 생활하며 공부할 때 지켜야 할 수칙으로 학령(學令)이 존재하였다.
④ 재학 유생이 정원에 미달하면 지방 향교(鄕校)의 교생을 우선적으로 승보시켰다.

19. 다음 설명에 해당하는 성인학습 유형은?

- 개인이 주변 현실을 지각하고, 이해하고, 느끼는 방식에 대한 극적이고 근본적인 변화에 관한 학습이다.
- 기존에 겪은 경험의 의미를 재해석하고 새로운 의미를 만들어 가는 비판적 성찰을 필수적인 과정으로 본다.
- 학습에서 습득한 결과를 행동으로 옮기는 과정을 중시한다.

① 자기주도학습(Self-directed learning)
② 상황학습(Situated learning)
③ 우연학습(Incidental learning)
④ 전환학습(Transformative learning)

20. 문해 교육이 "단순히 글자 깨우치기를 넘어 기능 문해(functional literacy) 교육으로 확장되어야 한다."는 말에 가장 가까운 것은?

① 초등 단계를 지나 중등 단계에서도 이루어져야 한다.
② 교양 교육에 머물지 말고 기술 교육과 통합되어야 한다.
③ 국제 경쟁력이 있는 기능인을 양성하는 데 핵심적인 기여를 해야 한다.
④ 일상생활에 필요한 기본 능력을 두루 갖추어 주는 교육이 되어야 한다.

1. 타바(H. Taba)의 교육과정 개발 모형에 대한 설명으로 옳지 않은 것은?

   ① 교과의 전문성을 위해 외부의 교과 전문가가 교육과정과 교과서를 개발해야 한다고 강조하였다.
   ② 연역적 방식이 아니라, 귀납적 방식을 취하였다.
   ③ 요구 진단 단계를 설정하였다.
   ④ 수업에 즉각 활용되는 단원을 만든 것부터 시작해야 한다고 주장하였다.

2. 다음 대화에서 추론할 수 있는 교사와 교장의 교육과정 실행에 대한 관점을 옳게 연결한 것은?

   > 김 교사 : 국가가 정한 교육과정에 얽매이기보다는 교사가 창의적으로 교육내용을 만들어서 가르치는 것이 중요하다고 봐요. 교육과정은 교사와 학생이 함께 만들어 가는 교육경험이라 할 수 있잖아요.
   >
   > 이 교장 : 글쎄요. 국가 교육과정은 전국적인 교육의 질을 보장하기 위하여 공통된 내용을 정하여 실시하는 교육계획이지요. 그렇다면 교사가 수업을 임의로 해서는 안 되고, 당초 국가 교육과정에서 정한 목표와 내용을 중심으로 가르쳐야지요.
   >
   > 박 교사 : 두 분 말씀은 알겠는데요. 교육과정을 실제로 운영하는 것은 복잡한 일입니다. 국가 교육과정뿐만 아니라 교실 상황, 학습자 수준, 교사의 요구도 함께 고려해야죠. 교육과정 개발자와 사용자 간의 의견 조정도 중요하다고 봐요.

	김 교사	이 교장	박 교사
①	형성(생성)관점	충실성 관점	상호적응 관점
②	형성(생성)관점	상호적응 관점	충실성 관점
③	충실성 관점	상호적응 관점	형성(생성)관점
④	충실성 관점	형성(생성)관점	상호적응 관점

3. 파블로브(Pavlov)의 고전적 조건반사의 원리에 대한 설명 중 틀린 것은?

① 조건반사가 이루어지려면 조건자극은 무조건 자극과 동시에 혹은 그에 조금 앞서서 주어져야 한다.
② 일반적으로 조건자극을 무조건자극 직후에 제시하였을 때 조건자극과 조건반응이 가장 강하게 연결된다.
③ 조건화의 초기에는 특정한 조건자극에 대한 조건반응은 이 조건자극과 유사한 다른 자극에 의해서도 유발된다.
④ 조건화가 형성된 후에 무조건자극은 주지 않고 조건자극만을 계속 제시하면 조건반응은 점차 약해지고 마침내는 반응자체가 일어나지 않게 된다.

4. 통찰(insight)의 특징을 바르게 설명한 것은?

① 점진적 사고의 과정이다.
② 연역적 사고의 과정이다.
③ 비약적 사고의 과정이다.
④ 수동적 사고의 과정이다.

5. 생활지도의 주요활동 중 직업, 학교, 교육과정, 교과목, 특별활동, 부업 또는 그 밖의 활동을 선택하여 그 활동에 종사하도록 함으로써 개인의 성장과 발달을 돕는 것을 무엇이라 하는가?

① 조사활동
② 정보활동
③ 정치활동
④ 추수활동

6. 블룸(Bloom)의 완전학습 모형에서 실시하는 평가로 적절하지 않은 것은?

① 준거참조평가
② 진단평가
③ 형성평가
④ 규준참조평가

7. 원격교육에 대한 설명으로 옳은 것은?

① 원격교육은 컴퓨터 통신망을 기반으로 등장하였다.
② 전통적인 면대면 교육에 비해 학습자들이 자기주도적으로 학습에 몰입하게 되므로 중도탈락률이 상대적으로 낮다.
③ 다양한 기술적 매체들에 의존하여 자기조절학습 능력의 필요성이 낮다.
④ 다수를 대상으로 하면서도 공학적인 기재를 사용하여 사전에 계획, 준비, 조직된 교재로 개별학습이 이루어진다.

8. 김교사는 학기말 평가의 한 부분으로 힘이 물체의 운동에 미치는 영향에 관한 보고서를 작성해 오라는 과제를 부여하였다. 보고서 평가의 타당성과 객관성을 높일 수 있는 방법으로 가장 적절한 것은?

① 소수 우수한 학생들의 보고서를 먼저 읽고 채점 기준을 개발한 후 그 기준에 따라 점수를 부여한다.
② 자신은 평가하지 않고 동료 교사가 각 보고서의 질에 따라 5점 척도로 공정하게 평가하도록 한다.
③ 보고서에 포함되어야 할 주요 요소들과 이들의 비중을 고려하여 채점 기준을 개발한 후 그 기준에 따라 점수를 부여한다.
④ 가장 우수하다고 판단되는 보고서에 최고 점수를 부여하고 이와 비교해 미흡한 만큼 조금씩 점수를 감하는 방식으로 평가한다.

9. 평가도구의 양호도에 대한 설명으로 옳지 않은 것은?

① 평가도구가 높은 신뢰도를 갖기 위해서는 평가도구의 타당도가 높아야 한다.
② 평가도구의 문항 수는 신뢰도에 영향을 미친다.
③ 최근에는 타당도를 평가 결과의 해석이 얼마나 타당한가에 대한 근거를 수집하는 과정으로 본다.
④ 입학시험과 입학 이후의 학업성적과의 상관이 높다면 입학 시험의 예측타당도가 높다고 할 수 있다.

10. 다음은 교육 조직의 발전 전략에 대한 글에서 일부를 발췌한 것이다. (㉠)~(㉢)에 들어갈 가장 적합한 단어를 차례대로 나열한 것은?

(㉠)는 조직 구성원들의 행동을 변화시킬 수 있는 조직 발전 전략의 하나로 새롭게 주목받고 있다. 전통적인 조직 운영 방법인 지시, 명령, 통제, 감독, 규정과 절차, 즉 (㉡)적 방법보다는 조직 구성원들이 공유하고 있는 규범, 가치관 등의 (㉢)적 요소가 구성원들의 더욱 적극적인 참여와 헌신을 유도하고 창의적인 업무 수행을 자극할 수 있다. 최근 교육개혁에서는 근대적 과학주의, 합리주의에 바탕을 둔 하향식 접근(top-down approach)보다는 교직 사회에 공유되고 있는 광범위한 의식, 신념, 가치 등을 포함하는 (㉢)적 요소를 변화시키려는 (㉢)적 접근방법이 중시되고 있다.

	㉠	㉡	㉢
①	조직 풍토	관료	윤리
②	조직 풍토	위계	문화
③	조직 문화	위계	문화
④	조직 문화	관료	윤리

11. 서지오반니(Sergiovanni)가 제시한 문화적 지도성을 가진 지도자의 특징과 가장 관계가 깊은 것은?

① 학교 구성원의 기대와 동기를 지속적으로 자극하여 높은 수행과 발전을 유도한다.
② 학교로 하여금 독특한 정체성을 갖게 만드는 가치와 믿음, 관점을 창조하고 강화·유지하는 것을 중요시한다.
③ 미래 비전의 제시, 인상 관리, 자기희생 등을 통해 학교의 과업 수행과 관련된 구성원들의 강한 동기를 유발한다.
④ 학교 구성원 각자가 자율적으로 자신의 지도력을 발휘하여 조직의 생산성을 제고하는 방향으로 일하게 한다.

12. 법령상 공무원의 징계 종류에 해당하지 않는 것은?

① 파면
② 정직
③ 견책
④ 직위해제

13. 학교회계의 설치에 관련된 내용으로 옳지 않은 것은?

① 초등학교·중학교·고등학교 및 특수학교에 각 학교별로 학교회계(學校會計)를 설치한다.
② 학교회계의 설치에 필요한 사항은 국립학교의 경우에는 교육부령으로, 공립학교의 경우에는 시·도의 교육규칙으로 정한다.
③ 학교회계는 학교 운영과 학교시설의 설치 등을 위하여 필요한 모든 경비를 세출(歲出)로 한다.
④ 학교회계는 예측할 수 없는 예산 외의 지출이나 예산초과지출에 충당하기 위하여 예비비로서 적절한 금액을 세출예산에 계상(計上)할 수 있다.

14. 다음 설명에 해당하는 것은?

• 빅데이터와 클라우드 컴퓨팅 기술을 활용하여 이용자 개개인의 이용 패턴, 필요, 상황에 대한 정보를 분석하여 이용자에게 맞춤화된 최적화된 정보를 제공할 수 있다.
• 사용자 간의 유기적 협력을 통해 정보가 새로운 가치를 지닌 지식으로 융합, 재생산 되는 효율화, 맞춤화, 다양화된 직관적인 학습 환경을 제공할 수 있다.

① SNS
② WIKI
③ Web 3.0
④ PODCAST

15. 종속이론과 관련된 내용으로 적절하지 않은 것은?

① 교육과정이 국가간 지배-종속 관계를 재생산하는 주요 메커니즘으로 작용한다고 주장한다.

② 강대국의 약소국 지배는 군사력과 경제력뿐 아니라 문화를 통해서도 이루어진다는 점에 주목한다.

③ 카노이(Canoy)는 식민지의 교육이 어떻게 식민지 국민의 의식을 왜곡시켜 지배자들에게 발적으로 복종하게 만들었는지를 논의하였다.

④ 카노이(M. Carnoy)는 제3세계 국가의 교육팽창이 성공하지 못한 이유로 서구 자본주의국가의 문화적 지배를 들고 있다.

16. 학교폭력의 경우 학교의 장이 자체해결할 수 있는 것으로 옳지 않은 것은?

① 2주 이상의 신체적·정신적 치료가 필요한 진단서를 발급받지 않은 경우

② 재산상 피해가 없거나 2주 이내 복구된 경우

③ 학교폭력이 지속적이지 않은 경우

④ 학교폭력에 대한 신고, 진술, 자료제공 등에 대한 보복행위가 아닌 경우

17. 다음 중 교육의 목적은 칸트의 윤리학에서 교육방법은 페스탈로치의 심리학을 토대로 과학적 교육학의 학문적 체계를 수립한 사람은?

① 헤르바르트　　② 브루너
③ 루소　　　　　④ 듀이

18. 개화기 사학에 대해 바르게 설명한 것은?

① 최초의 사학은 점진학교이다.

② 을사조약 이후에는 모두 강제 폐지되었다.

③ 최초로 남녀 공학을 실시한 학교는 배재학당이다.

④ 원산학사는 기역 주민의 자발적 성금에 의해 설립되었다.

19. 다음의 <보기>에서 주장하는 놀스의 개념으로 옳은 것은?

<보기>
- 교과중심의 학습보다는 생활문제 중심의 학습을 선호
- 성인의 경험은 계속 축적되며, 그 축적된 경험은 학습자원으로 활용된다.
- 다양한 생활경험을 가지고 구체적이고 직접적인 목표하에서 효율적으로 대처하면서 자기주도적으로 학습하고자 한다.

① 페다고지(pedagogy)
② 안드라고지(andragogy)
③ 파이다고고스(Paidagogos)
④ 에듀카레(educare)

20. 다음 (가), (나)의 내용에 해당하는 평생교육제도를 바르게 짝지은 것은?

(가) 개인의 다양한 학습경험을 공식적인 이력부에 종합적으로 누적·관리하고 그 결과를 학력이나 자격 인정과 연계하거나 고용정보로 활용하는 제도이다.

(나) 학교에서뿐만 아니라 학교 밖에서 이루어지는 다양한 형태의 학습경험 및 자격을 학점으로 인정하고, 학점이 누적되어 일정 기준을 충족하면 학위취득을 가능하게 하는 제도이다.

	(가)	(나)
①	평생학습 계좌제	학점은행제
②	평생학습 계좌제	독학학위제
③	문하생 학력인정제	학점은행제
④	문하생 학력인정제	독학학위제

MEMO

최근 15년 교육학 기출문제 분석

2024 김신 교육학 지방직 동형 모의고사

정답 및 해설

지방직 모의고사 1회

1	①	2	①	3	③	4	④	5	①
6	③	7	②	8	③	9	③	10	②
11	①	12	④	13	③	14	④	15	④
16	②	17	③	18	②	19	④	20	④

1. ① 포켓북 교육과정7,8
① 잠정적 목표를 설정하기 위해서 학습자와 현대사회의 요구, 교과전문가의 견해를 검토한 후 교육철학과 교육심리의 체를 걸러 최종 교육목표를 설정 한다.

2. ① 포켓북 교육과정14
① 바라는 결과 확인하기 → 수용 가능한 증거 결정하기 → 학습 경험 계획하기

3. ③ 포켓북 교육심리2
ㄱ – 형식적 조작기
ㄴ – 구체적 조작기
ㄷ – 전조작기
ㄹ – 감각운동기

4. ④ 포켓북 교수학습
①②③ - 객관주의
④ - 구성주의

5. ① 포켓북 진로상담2,3,4
① 프로이드의 정신분석학은 인간의 행동을 인과적 관계로 해석하는 결정론적 관점을 가지고 있다.

6. ③ 포켓북 교육평가8
③ 정답률이 50%이더라도 상·하 집단 구성에 따라 변별도는 달라진다.

7. ② 포켓북 서양교육사17
ㄴ. 교육은 현재 생활 그 자체이지 미래 생활을 준비하는 과정이 아니다.
ㄹ. 허친스는 항존주의와 관련된 인물이다.

8. ③ 포켓북 교육행정 2
③ 지방분권의 원리에 대한 설명이다.

9. ③ 포켓북 교육행정1
③ 협동행위론에 대한 설명이다.

10. ② 포켓북 교육평가13
① 역사 - 사전검사와 사후검사 사이에 종속 변인에 영향을 줄 수 있는 특수한 외적 사건
③ (참여자) 탈락 - 참가자가 연구에서 탈락하여 처치의 영향을 알기 힘든 것
피험자 선발 - 실험집단과 통제집단의 동질성을 확보하지 않고 배치
④ 성숙 - 연구 기간 동안 연구 참여자들에게 일어날 수 있는 신체적,정신적 변화

11. ① 포켓북 진로상담11
아노미에 대한 설명이다.

12. ④ 포켓북 교육사회2
④ – 드리븐에 대한 설명이다.

13. ③ 포켓북 교육사회16
① 헌법 제31조 1항과 교육기본법 제4조는 허용적 평등과 관련이 있다.
② 교육 조건의 평등은 취학기회의 평등만이 아니라 우수한 학교에 평등하게 취학하는 것을 의미한다
④ 결과의 평등을 위한 정책으로 저소득층의 취학 전 어린이들을 위한 보상교육(compensatory education)이 있다.

14. ④ 포켓북 교육철학7
④ 포스트모더니즘의 반정초주의적 특성이다.

15. ④ 포켓북 교육철학2
① 과정적 준거에 따르면 교육은 교육받는 사람의 의식과 자발성을 전제로 해야한다.
② 규범적 준거는 가치 있는 것을 전달함으로써 그것에 헌신하는 사람을 만들어야 한다.
③ 과정적 준거는 교육의 규범적 준거가 방법 면에서 상세화된 것을 말한다.

16. ② 포켓북 한국교육사6
ㄴ, ㄹ – 향교에 대한 설명이다.

17. ③ 포켓북 교육행정10
③ 포터와 로어는 기본적인 능력이 안되면 높은 업무실적을 기

대할 수 없다고 보았다.(성과를 통한 보상이후 만족감을 통해 동기부여)

18. ② 포켓북 교육행정10

① 기획예산제도는 프로그램을 통하여 장기적인 계획수립과 단기적인 예산편성을 유기적으로 결합시킴으로써 정부의 자원을 합리적 과학적으로 배분하려는 제도이다.

③ 품목별예산제도는 한정된 재정규모 내에서 효율적인 배분을 강조하기 때문에 능률적이라는 장점이 있다.

④ 영기준예산제도는 전교직원들이 참여하도록 유도하여 자발적인 사업 구상과 실행을 유인할 수 있다는 장점이 있다.

19. ④ 포켓북 평생교육5,6

ㄱ. 포르 – 존재를 위한 학습

ㄷ. 렝그랑 – 평생교육에 대한 입문

20. ④ 포켓북 서양교육사9~15

① 페스탈로치는 교육의 목적을 3H(Heart, Head, Hand)'의 조화로운 발달에 두고 노동을 통한 교육과 실물과 직관의 교육을 스스로 실천하였다.

② 프뢰벨이 교육의 내용으로 삼는 지식의 유형으로 종교, 자연, 수학, 언어, 예술 등이 있다.

③ 프뢰벨 통일의 원리와 만유 재신론을 주장하였다.

지방직 모의고사 2회

1	①	2	①	3	③	4	①	5	③
6	③	7	①	8	①	9	①	10	①
11	④	12	④	13	②	14	②	15	④
16	①	17	②	18	①	19	④	20	④

1. ① 포켓북 교육과정2

② 학문중심 교육과정은 학생의 탐구활동을 통한 발견학습과 지식의 전이를 강조한다..

③ 경험주의 교육과정은 교과의 논리와 학습자의 심리가 동시에 고려되어야 한다

④ 교과중심 교육과정은 문교과 학습에서 흥미가 없는 교과라도 학습자의 노력이 중시한다.

2. ①

• (기초 수양) 여러 교과를 학습하는데 기반이 되는 언어, 수리, 디지털 소양 등을 기초소양으로 강조한다.

• 언어소양 : 언어를 중심으로 다양한 기호, 양식, 매체 등을 활용한 텍스트를 대상, 목적, 맥락에 맞게 이해하고, 생산, 사용하여 문제를 해결하고 공동체 구성원과 소통하고 참여하는 능력이다.

• 수리소양 : 다양한 상황에서 수리적 정보와 표현 및 사고 방법을 이해, 해석하여 문제해결, 추론, 의사소통하는 능력이다.

• 디지털소양 : 디지털 지식과 기술에 대한 이해와 윤리의식을 바탕으로, 정보를 수집 분석하고 비판적으로 이해하여 새로운 정보와 지식을 생산, 활용하는 능력이다.

3. ③ 포켓북 교육심리6

③ 심리사회적 발달단계에 따라 주도성을 키우기 위해서는 무엇이든 스스로 할 기회를 많이 가져야 한다.

4. ① 포켓북 교육심리11 12

② 행동연쇄(chaining) : 일련의 행동이 연속적으로 단계에 따라 서로 자극-반응으로 연쇄되어 일어나도록 하는 방법

③ 용암법(fade out) : 반응에 도움을 주는 단서를 점차적으로 줄여서 후에는 단서가 없이도 반응 하는 방법

④ 행동형성법(shaping) : 현재 하지못하는 행동을 하기 위하여 단계적으로 행동을 형성해 주는방법

5. ③ 포켓북 교육심리15

① 심상 - 새로운 정보를 우리의 마음속에 그림으로 만드는 과정

② 인출 - 장기기억 속에 있는 정보를 작업기억으로 가져오는 과정

④ 정교화 - 기존에 가지고 있던 정보를 새로운 정보에 연결하여 정보를 유의미한 형태로 바꾸는 과정

6. ③ 포켓북 교육심리20

③ 가드너(Gardiner) 이론이다.

7. ① 포켓북 교육심리5

• 상대와 비교해서 자신이 무능하다고 느끼는 사람이 상대의 바람직한 점을 자신에게 받아들여 자신과 유능한 사람이 같다고 여기는 것은 동일시이다.

8. ① 포켓북 교수학습1

브루너 발견학습의 특징

① 외재적 보상보다 내재적 보상을 강조한다.

② 각각의 교과목이 가지고 있는 나름의 지식의 구조를 학생에게 탐색하도록 한다.

③ 기본적 원리나 개념의 이해를 통해 전이의 가능성을 최대로 한다.

④ 아동의 사고방식과 지적 수준을 고려하여 교과의 내용을 가르친다.

⑤ 어떤 교과든지 지적으로 올바른 형식으로 표현하면 어떤 발달 단

계에 있는 아동에게도 효과적으로 가르칠 수 있다.

⑥ 학습자의 발달 단계에 맞게 학습내용을 구조화하고 조직함으로써 학습자가 교과내용을 잘 이해할 수 있다.

9. ① 포켓북 교수학습13

STAD	TGT	Jigsaw II	TAI
1. 교사가 강의나 토론식 수업을 통해 내용을 전달	1. 교사가 강의나 토론식 수업을 통해 내용을 전달	1. 학생들은 교과서의 정해진 부분을 읽고 각자 해당 과제를 맡음	1. 진단검사를 실시하여 공부할 내용을 결정
2. 학생들은 각 팀별로 연습지의 문제나 질문을 공부	2. 각 팀별로 활동지 문제나 질문을 공부	2. 각 팀별로 동일한 주제를 맡은 학생들끼리 전문가 집단 형성	2. 학생들은 자신의 학습 속도에 따라 배정된 단원을 공부
3. 교사가 학생들이 공부한 자료에 대한 시험 실시	3. 각 팀별로 점수를 얻기 위해 학술 게임 실시	3. 학생들은 자신의 팀으로 돌아가 팀 동료들과 주제를 공유	3. 팀 동료들끼리 정답을 확인하고 점검 학생이 퀴즈를 실시
4. 교사가 개별 향상점수와 팀의 평균점수를 산출	4. 교사는 4주 동안 팀별 점수를 기록하여 최우수 팀과 최우수 학생을 선정	4. 학생들은 공부한 주제에 대한 퀴즈실시 5. 개별 퀴즈를 통해 팀 점수와 개별 향상 점수를 산출	4. 팀별 퀴즈 점수를 평균하고, 점검 학생이 끝마친 단원의 수를 세어 팀 점수를 산출

10. ① 포켓북 교육평가1

② 준거참조 평가는 학습목표를 설정해 놓고 이 목표에 비추어 학습자 개개인의 학업성취 정도를 따지려는 것이다.

③ 성장참조 평가는 학업 증진의 기회를 부여하고 평가의 개별화를 강조한다.

④ 능력참조 평가는 학업 성취도 검사에서 사용할 수 있는 방법이다.

11. ④ 포켓북 교육행정9

④ 이중조직으로서의 학교보다 이완결합체제로서의 학교가 더 많은 자유재량권과 자기결정권을 제공한다.

12. ④ 포켓북 서양 교육사10

• 계몽주의 교육방법의 원칙

① 교육은 합리적인 자연의 원리에 합당해야만 한다.

② 실생활에 기초한 교육이다. 계몽주의자들은 교육의 목표를 구체적으로 사회적 분업에 따른 유용한 인간을 양성하는 데 둔다.

③ 실물을 이용한 직관적 교육방법이다. 계몽주의는 자연과학적 사고를 교육적으로 철저히 활용하였다. 증거와 사실중심이 원

칙이었던 셈이다. 이는 계몽주의가 17세기 리얼리즘의 교육 사조의 계승자임을 확인해 준다.

13. ② 포켓북 교육사회10

② 지위경쟁이론은 학력의 양적 팽창은 학력의 평가 절하 현상을 초래하기도 한다고 주장한다.

14. ② 포켓북 교육철학1

• 내재적 목적 : ㄴ. 지식의 형식 추구, ㄹ. 합리적 마음의 계발

• 외재적 목적 : ㄱ. 국가 경쟁력 강화, ㄷ. 인적 자원의 개발

15. ④ 포켓북 서양 교육사19

2) 본질주의 : 배글리(W. C. Bagley, 1874~1946)

① 진보주의와 항존주의가 변화와 전통, 상대성과 절대성으로 대조되는 교육철학이라면, 본질주의는 진보주의와 항존주의의 문제점을 배격하고 긍정적인 측면을 수용하는 교육운동이었다.

② 본질주의는 진보주의의 실험정신과 현재의 삶에 대한 강조, 그리고 항존주의의 과거의 위대한 업적에 대한 강조를 절충

③ 본질주의는 교육에서 문자 그대로 '본질적인 것'을 가르쳐야 한다고 주장한다.

④ 인류의 전통과 문화유산을 소중히 여기며 교육을 통해 문화의 주요 요소들을 다음 세대에 전달할 것을 강조한다.

⑤ 아동이 당장 흥미가 없고 힘들더라도 철저히 학습하도록 하는 것이 필요하다고 봄

⑥ 수월성을 강조하는 오늘날의 교육은 본질주의 사조와 일맥상통한 면이 있다.

⑦ 미국 정부가 과거에 주도했던 '기초 회귀(Back-to-basics)'운동은 본질주의 입장의 재현으로 볼 수 있다

16. ① 포켓북 교육철학6

② 관념적인 지식 위주 교육을 비판하고 학생 스스로 각성하여 자아를 발견하는 것을 중시한다.(실존주의)

③ 이차적 또는 반성적이라는 성격상 교육의 가치나 실천의 문제에 소홀한 한계를 지닌다.(분석철학)

④ 교육적 언어의 의미 분석, 교육적 개념의 명료화를 중요시하였다. (분석철학)

17. ② 단권화 160 서양교육사

1) 소크라테스 교육사상

① 산파법 : 교사가 이미 알고 있는 정답을 미리 알려주지 않고 학생 스스로 그 답을 찾도록 안내하는 대화 기법

② 그는 특별한 교육소재를 제자들에게 단순히 전달하지 않고 자연스러운 일상적 만남에서 오랜 동안의 대화를 통해 제자

들이 스스로 답을 구하는 과정을 중시하였다.

③ 메논의 학습의 불가능성에 대해 소크라테스는 회상(anamnesis)에 의한 학습으로 반박

④ 흔히 회상론(回想論) 혹은 상기론(想起論)은 앞서 언급한 오르페우스교에 등장하는 영혼의 불멸과 윤회를 반영

⑤ 소크라테스는 메논이 부리고 있는 '완전히 무지한 노예'에게 일종의 학습실험을 하면서 노예 스스로 답을 찾아갈 수 있음을 보여준다.

18. ① 포켓북 한국 교육사3

- 서당 : 조선시대에 계승되어 더욱 발전된 민중교육기관으로 신교육이 실시될 때까지 존속해온 가장 보편화된 교육기관이었다. (향촌 사설 초등교육기관)

19. ④ 포켓북 교육행정 20

학교컨설팅 ① 학교교육을 개선하기 위해 일정한 전문성을 갖춘 사람들이 학교와 학교 구성원의 요청에 따라 제공하는 독립적인 자문 활동으로서 경영과 교육문제를 진단하고, 대안을 마련하며, 문제해결 과정을 지원하고, 교육 훈련을 실시하며, 문제해결에 필요한 인적·물적 자원을 발굴 ② 6가지 학교 컨설팅 원리 : 자발성, 전문성, 자문성, 한시성, 독립성, 학습성의 원리

20. ④ 포켓북 평생교육7

2) 학점은행제 : 1995년 5월 대통령 직속 교육개혁위원회에서 제안

① 학교에서뿐만 아니라 학교 밖에서 이루어지는 다양한 형태의 학습경험 및 자격을 학점으로 인정하고, 학점이 누적되어 일정 기준을 충족하면 학위취득을 가능하게 하는 제도이다.

② 학교 안팎에서 이루어지는 다양한 형태의 학습경험과 자격을 학점으로 인정하여, 일정 기준을 충족하면 대학졸업학력 또는 전문대학졸업학력을 인정하는 제도

③ 학점은행제로 취득한 학점은 일정 조건을 갖추게 되면, 독학학위제의 시험 응시자격에 활용될 수 있다.

④ 전문학사 80학점, 학사 140학점, 기술사 45학점, 기능장 39학점 이상

지방직 모의고사 3회

1	④	2	③	3	①	4	④	5	④
6	③	7	①	8	④	9	④	10	④
11	④	12	③	13	②	14	①	15	④
16	①	17	③	18	①	19	①	20	①

1. ④ 포켓북 교육과정1

개인적 기호와 취미를 만족시키는 여가 활동에 관한 지식을 최하위에 두었다.

2. ③ 포켓북 교육과정5

교사의 인격이 알게 모르게 학생들에게 계속적인 영향을 미치는 것은 잠재적 교육과정이다.

3. ① 포켓북 진로상담2

② 초자아은 부모나 양육자로부터 영향을 많이 받는 성격 구조이다.

③ 자아는 욕구총족을 위한 활동 계획을 수립한다.

④ 프로이드(Freud) 정신분석이론의 핵심개념은 무의식으로, 상담의 목표는 무의식을 의식화하는 것이다.

4. ④ 포켓북 교수학습5

ㄱ - 지적 기능은 여러 가지 기호나 상징을 규칙에 따라 활용하는 것을 말한다.

ㄴ - 선언적 지식에 해당하는 가네의 교육목표는 언어정보이다.

ㄷ - 인지전략은 비교적 오랜기간에 걸쳐 습득되는 창조적 능력이다.

ㄹ – 태도는 구체적으로 수행을 결정하는 내적인 경향성이다.

5. ④ 포켓북 교수학습18

① 조나센은 6개의 학습 요소들과 3가지의 교수활동을 제안하였다.

② 교수지원 활동으로서 코칭은 배운 내용에 대한 반성적 사고와 명료화를 유발한다.

③ 교수지원 활동으로서 비계설정은 학습자가 수행하는 과제에 초점을 두고 학습자의 수행을 체계적으로 지원하는 것이다.

6. ③ 포켓북 교육평가1

③ 준거참조 평가에 대한 설명이다.

7. ① 포켓북 교육평가9

ㄴ - 문항 난이도란 문항의 답을 맞힐 확률이 0.5에 대응되는 능력 수준의 값이다.

ㄷ - 피험자 집단의 특성에 관계없이 문항마다 고유한 하나의 문항특성곡선을 그리게 된다

ㄹ – 검사의 난이도에 관계없이 일관성 있게 피험자의 능력을 추정한다.

8. ④ 포켓북 교육행정2
① 자주성의 원리는 교육기본법 제6조의 내용과 관계 깊다.
② 합법성이 원리를 통해 공무원 부당한 직무수행과 행정재량권의 남용을 방지할 수 있다.
③ 적도집권의 원리는 지방분권과 중앙집권의 적정한 균형을 유지하려는 것이다.

9. ④
④ 폐쇄풍토는 교장은 일상적이거나 불필요한 잡무만을 강요하고, 교사들은 업무에 대한 관심과 책임감이 없다.

10. ④ 포켓북 교육심리3
실제적 발달수준은 부모나 교사의 도움을 받지 않고 과제를 해결할 수 있는 능력 수준을 의미한다.

11. ④ 포켓북 교육심리13
• 자기효능감 : 과제를 성공적으로 수행하는 데 요구되는 개인의 능력에 대한 자신의 판단 또는 신념이다. 자기효능감 요인 : 성공경험, 모델링, 사회적 설득, 심리적 상태

12. ③ 포켓북 교육법4
① 집행기관이다.
② 교육감의 임기는 4년으로 하며, 교육감의 계속 재임은 3기에 한한다.
④ 주민은 교육감을 소환할 권리를 가진다.

13. ② 포켓북 교육재정1
① 교육재정은 강제성을 가지고 있다.
③ 민간경제는 양입제출의 회계원칙이 적용되는 데 반해, 교육재정은 양출제입의 원칙이 적용된다.
④ 교육재정은 영속을 가진다.

14. ① 포켓북 교육사회8
저항이론은 재생산론과 같이 인간을 구조적이며 수동적 존재로 파악하는 관점을 비판하면서 인간을 새로운 사회개혁을 주도하는 능동적이고 자율적인 존재로 인식한다.

15. ④ 포켓북 교육사회6
• 문화적자본의 3가지 핵심 자본 : 아비투스적 자본
① 몸과 마음속에 오랫동안 지속적인 상태로 남아 있는 성향들의 형태인 아비투스적 자본(habitus capital).
② 책, 그림, 사전, 도구, 기계와 같은 형태의 객관화된 자본(objective capital).
③ 학위, 학력, 자격증 같은 제도화된 자본(institutional capital).

16. ① 포켓북 교육철학2
• 교육에 대한 현상적 정의에서 조작적 정의는 '인간행동의 변화'에 중점을 둔다. 따라서 가치개방적이며, 객관적이고 가치중립적이다. 따라서 기술적 또는 서술적 정의라고도 한다.
② 는 규범적 정의에 해당한다.
③, ④는 기능적 정의에 해당한다.

17. ③ 포켓북 서양교육사3
그리스인들이 개인의 가치를 존중한 것과는 대조적으로 로마는 집단의 가치를 존중하여 공동체 의식을 중시하였다.

18. ① 포켓북 한국 교육사9
• 입학도설 : 성리학의 기본 원리를 도식화하여 쉽게 설명한 목판본 성리학 입문서이다.

19. ① 포켓북 평생교육1
② 학교교과교습학원을 제외한다.
③ 영리의 목적을 띤 법인 및 단체에 위탁할 수 없다.
④ 학습휴가를 무급 또는 유급으로 실시할 수 있다.

20. ① 단권화 7 교육과정
• 2022 교육과정 총론 핵심역량
① 자기관리 역량
② 지식정보처리 역량
③ 창의적 사고 역량
④ 심미적 감성 역량
⑤ 협력적 소통 역량
⑥ 공동체 역량

지방직 모의고사 4회

1	④	2	③	3	②	4	③	5	①
6	④	7	③	8	②	9	②	10	③
11	②	12	③	13	④	14	③	15	②
16	②	17	②	18	②	19	④	20	④

1. ④ 포켓북 교육과정1
테일러(W. Taylor)의 과학적 관리 방법 영향을 받았다.

2. ③ 포켓북 교육과정11
아이즈너(E. Eisner)는 교육과정 구성과 개발에 있어서 효율성을 우선시 하지 않으며 문제해결목표와 표현적 결과를 강조하였다.

3. ② 포켓북 교육심리9

여성은 공동체적 '관계'와 타인에 대한 '배려'와 '책임'이라는 관점에서 판단한다고 보는 학자는 길리건이다.

4. ③ 포켓북 교육심리16-1, 17, 18

- 이 교사 : 기대 - 가치 이론
- 최 교사 : 자기결정성 이론
- 윤 교사 : 목표지향성 이론
- 귀인이론 : 학습자가 자신의 성공과 실패를 설명하려는 동기에 대한 인지적 이론
- 자기결정성 이론 : 환경에 대해 어떤 행동을 취할 것인가를 스스로 결정하는 것으로 개인의 의지를 사용하는 과정

5. ①

역설적 지향(의도) (Paradoxical intention): 실존주의에서는 불안의 문제를 기대불안예기적 불안으로 보며, 불안을 피할 것이 아니라 적극적으로 대결시켜 극복하게 하는 역설적 지향의 방법을 사용함으로써 강박증이나 공포증과 같은 신경증적 행동들을 치료하려 한다.

6. ④ 포켓북 교수학습3

- 학습의 정도

$$\frac{\text{학습에 사용한 시간}}{\text{학습에 필요한 시간}} = \frac{\text{학습기회, 학습 지속력}}{\text{적성, 수업이해력, 수업의 질}}$$

2) 수업변인과 학습자 변인

　◆ 수업변인

　　① 수업의 질 (과제 제시의 적절성)

　　② 학습기회 (과제의 학습을 위해 주어진 시간)

　◆ 학습자변인

　　③ 수업이해력 (일반지능과 언어능력이 복합된 것)

　　④ 적성 (주어진 과제를 성취하는 데 필요한 시간)

　　⑤ 학습 지속력 (학습자가 학습에 사용한 시간)

7. ③ 포켓북 교수학습 5, 6

체제 접근(systems approach)은 학습의 과정에서 내용이 중요하다.

8. ② 포켓북 교육평가11

5) 신뢰도를 높이는 조건

　① 양질의 문항 수를 증가 (곡선형 증가)

　② 적절한 문항난이도

　③ 높은 변별도

　④ 시험 시간을 제한하지 않는 역량 검사

　⑤ 내용타당도 고려

9. ② 포켓북 교육평가8

- 영어 시험점수의 Z값이 2.5로 가장 크디.
- 국어 : $Z = 1.5$
- 수학 : $Z = 2$
- 과학 : $Z = 1$

10. ③ 포켓북 교육행정4

학교의사결정에 교사가 참여함으로써 학교효성이 증대되고, 그 결과 교사의 직무만족이 증대되는 것은 인간자원론적 장학이다.

11. ② 포켓북 교육행정10

② 가장 높은 단계의 욕구는 자아실현이다.

12. ③ 포켓북 교육법3

국가는 교육여건 개선을 위한 학급당 적정 학생 수를 정하고 지방자치단체는 이를 실현하기 위한 시책을 수립·실시하여야 한다.

13. ④ 포켓북 교육재정2

교육재정의 지출 가운데 시설비가 차지하는 비중이 인건비에 비해서 상대적으로 낮다.

14. ③ 포켓북 교육사회3

2) 드리븐 (Dreeben) : 규범적 사회화

　① 독립성 : 스스로 모든 일을 처리하고 책임을 수행하려는 태도이다. (과제, 시험부정)

　② 보편성 : 다른 학생들과 모든 것을 공유하는 태도이다. 동일 연령의 학생들이 같은 학습내용과 과제를 공유하게 함으로써 형성된다.(공동)

　③ 특정성 : 자신의 흥미와 적성을 고려하는 태도 등을 말한다.(예외)

　④ 성취성 : 최선을 다하여 자신에게 부여되는 과제를 수행하려는 태도이다.(성과)

15. ②

학교교육이 사회적 지위에 영향을 미치는 것은 ②이다.

16. ② 포켓북 서양 교육사19

1) 항존(영원)주의의 역사 : 허친스(Hutchins), 아들러(Adler), 마리땡 (Maritain)

　① 인간의 본질이 불변하기에 교육의 기본원리도 불변하다는

믿음을 토대로 하고 있다.
② 영원주의는 실재주의(realism)의 원리에 많은 근거를 두고 있는 교육이론이다.
③ 항존주의 교육의 최대 목적은 이성의 계발에 있다.
④ 영원주의는 진보주의 교육이념에 정면으로 도전하고 나온 것으로 1930년대에 터 오늘에 이르고 있다.(진보주의 전면 부정)
⑤ 허친스 : 위대한 고전들(Great Boroks)

17. ② 교육철학
• 대상에 대한 개념의 명료화 즉 애매성(의미 본질의 불명료성) 및 모호성(범위 한계의 불명료성)과 관련되는 것은 ②이다.
① 문제해결을 위한 새로운 아이디어의 제시
③ 이론적 연구와 실천적 행동을 통합하여 이해하는 기능으로 전인교육과 관련
④ 준거에 의해 가치를 판단하는 기능이다.

18. ② 포켓북 한국 교육사7
② 식년시(式年試) : 조선시대에 3년마다 정기적으로 시행된 과거시험. 정시는 부성기 시험이다.

19. ④ 포켓북 평생교육2
평생교육도 전문교육을 운영할 수 있다.

20. ④
단위 학교 수준에서 학생의 요구와 교사의 판단에 따라 연간 수업 시수를 감축하여 운영할 수 없다.

지방직 모의고사 5회

1	④	2	④	3	③	4	③	5	②
6	③	7	②	8	④	9	①	10	③
11	①	12	②	13	①	14	①	15	④
16	③	17	④	18	④	19	④	20	④

1. ④ 포켓북 교육과정2
학습자의 심리를 중시하는 것은 경험중심교육과정이다.

2. ④ 포켓북 교육과정12
워커(D. Walker) 의 자연주의적 교육과정 개발모형에서는 정치적 혹은 관료적 압력 등을 배제할 수 없다고 본다.

3. ③ 포켓북 교육심리19
③ 분석력과 추리력이 요구되는 학습과제를 잘 해결하는 것은 장독립적 학습자의 특성이다.

4. ③ 포켓북 교육심리15
조직화(organization) - 공통 범주나 유형을 기준으로 새로운 정보를 장기기억에 저장되어 있는 정보와 연결하는 부호화 전략이다. 정교화(elaboration)-기존에 가지고 있던 정보를 새 정보에 연결하여 정보를 유의미한 형태로 저장하는 과정이다. (자신의 경험 + 새로운 정보 + 장기기억연결)

5. ② 포켓북 진로상담7
실재적(realistic) 유형은 지구력이 있으며 기계와 도구에 관한 체계적인 조작 활동을 선호한다.
① 통솔력이 있으며 조직의 목적을 달성하기 위해 사람을 관리하는 활동을 선호한다. - 설득적(기업가적)
③ 세밀하고 조심성이 많으며 자료를 기록, 정리, 조직하는 활동을 선호한다. - 관습적
④ 이해심이 많고 다른 사람과 함께 일하거나 다른 사람을 돕는 활동을 선호한다. 사회저

6. ③
• 실물 화상기 : 교육 복사대 위의 비디오 카메라가 자료 제시대 위에 놓인 물체를 스크린에 제시하는 교육 매체.
• 오버헤드 프로젝터(overhead projector) : 슬라이드에 인쇄되어 있는 문서의 화상을 확대시켜 사용자 뒤에 있는 화면에 투영시키는 장치.

7. ②
② 수업은 독립변수이고 학습은 종속변수이다.
③ 수업에는 반드시 목표가 있고 학습에는 목표가 있을 수도 있고 없을 수도 있다.
④ 학습은 다의적이고 수업은 일의적이다.

8. ④ 포켓북 교육평가3
메타(Meta)평가에서 'Meta'란 초(超), 고차원의 뜻으로 전문가 집단의 평가의 적합성을 파악하는 것으로 메타평가란 평가 자체에 대한 평가이다.

9. ① 포켓북 교육과정9
가. 수업목표 진술은 학습자의 행동으로 진술하여야 한다.
라. 는 메이거의 방식이다.

10. ③ 포켓북 교육행정1

• 교육에 관한 행정(국가통치권설) : 국가통치권설은 교육행정을 국가 통치권의 하나로 해석하는 입장이다. 교육행정을 국가의 행정 중 '교육에 관한 행정'으로 보는 것이다.

① 국가가 공적인 권한을 갖고 통치권을 수행하기 때문에 '국가 공권설'이라 정의하기도 하고, 통치권을 수행할 때 법에 따라 법을 해석하여 집행하기 때문에 '법규해석적 정의'라고도 한다. 이는 교육행정을 교육에 관한 법률을 정하고 법에 따라 조직을 관리·운영하는 과정으로 정의하는 관점이다.

② 이와 같은 정의는 교육행정을 '교육을 대상으로 하는 법적 행정적 작용'이라고 보기 때문에 ③ 교육행정의 특수성과 전문성을 무시하고 행정의 관료성과 획일성을 강조하여, ④ 교육의 정치적 중립성과 자주성을 간과하고 있다는 문제점이 있다.

11. ① 포켓북 교육행정12

② 참여형(participating) - 낮은 과업행동과 높은 관계행동에 적합하다.

③ 설득형(selling) - 높은 과업행동과 높은 관계행동에 적합하다.

④ 위임형(delegating) - 낮은 과업행동과 낮은 관계행동에 적합하다.

12. ② 포켓북 교육법3

ㄱ. 교원은 법률로 정하는 바에 따라 다른 공직에 취임할 수 있다.

13. ① 포켓북 교육재정2

① 지방자치단체 교육비특별회계의 세입 재원에 지방교육재정교부금은 포함된다.

14. ① 단권화 135 교육사회

신교육사회학은 과학적 실증주의를 배격하고 해석학적 방법론을 중시한다. 따라서 ①은 양보다 질의 강조로 하여야 한다.

15. ④ 포켓북 교육사회 14

① fragmentation 「단편화」를 들 수 있다. 이는 어떠한 주제든지 단편들 혹은 서로 연결되지 않는 목록들로 환원시키는 것이다.

② Mystification 「신비화」 교사들은 종종 논의의 여지가 있거나 복잡한 주제는 그것에 관한 토론을 막기 위해서 신비한 것처럼 다룬다. 즉 교사들은 그 주제는 매우 중요하지만 알기 힘든 것처럼 보이게 한다. 그는 이를 「신비화」라고 명명하고 있다.

③ Omission 「생략」을 제시하고 있는데, 학생들이 몰라도 된다고 생각하는 부분이나 한 단원 전체를 생략하고 넘어가는 것

④ Defensive Simplification 방어적 단순화사회과 교사가 학생들의 능력이나 수업에 대한 관심이 부족하다고 생각길 내 즐겨 사용하는수업전략이다. 이것의 주요 특징은 교사가 수업시간에 정치적으로 덜 민감하거나 논쟁의 여지가적은 주제를 선택 한다는 점이다. 이 수업전략을 사용할 때, 교사는 학생들에게 '빈칸채우기' 형태의 연습문제를 풀게 하거나 주제의 개요만을 말해주는 방식을 취한다. 이러한 과정을통해 교사가 중요한 주제를 수업시간에 다루었다고 학생들이 느끼게 한다.

16. ③ 교육철학

인간은 미완성인 동시에 무한한 가소성, 잠재력을 지닌 존재이며 주체적인 존재로 자신의 운명을 주체적으로 결정할 수 있는 존재이다.

17. ④ 포켓북 서양 교육사5

르네상스 시기의 인문주의 교육에 관한 특징으로 자유교육을 통하여 완전한 인간과 선량한 시민을 길러내고자 하였으며 키케로의 문체를 작문의 유일한 표본으로 삼은 사람들은 언어적 형식주의에 빠져 있다는 비판을 받았다.

18. ④ 포켓북 한국 교육사2

• 국학과정
① 입학자격 : 대사(大舍) 이하의 위품으로부터 직위가 없는 자에 이르기까지 15~30세
② 수학기간 : 9년 한도, 재간과 도량에 따라 조절
③ 교관 : 박사와 조교
④ 필수 과목 : 『논어』와 『효경』

19. ④ 포켓북 평생교육1

학교교육과 학교를 제외한 모든 곳에서 교육의 기회가 확대되어야 한다.

20. ④ 포켓북 교육과정2

인간중심 교육과정의 궁극적인 목표는 인간적 성장, 인격적 통합, 자율성 등의 이상을 추구하는 데 있다.

지방직 모의고사 6회

1	④	2	③	3	③	4	③	5	④
6	②	7	②	8	①	9	④	10	②
11	④	12	①	13	③	14	④	15	②
16	②	17	③	18	①	19	④	20	②

1. ④ 포켓북 교육과정2

① 교과중심
② 학문중심
③ 교과중심
④ 경험중심

2. ③ 포켓북 교육과정13

③ 연구의 초점을 교수·학습 과정의 일반적 원리나 모형의 개발에 맞추는 것은 개발모형에 관한 설명이다.

3. ③ 포켓북 교육심리20

보기는 아이들의 다양한 지능을 활용한 다중지능이론에 근거해 학생들의 다양한 지적 능력을 개발시키고자 하였다.

4. ③ 포켓북 교육심리16

따라서 유지시연보다는 정교화, 조직화, 심상과 같은 부호화 전략을 통해 정보를 저장하도록 유도해야 한다.

5. ④ 포켓북 교육심리5

① 퇴행
② 합리화
③ 반동형성

6. ② 포켓북 교수학습7

출발점 행동을 진단하는 평가는 절대평가이므로 ①, ③, ④와 같은 순위는 상대평가

7. ② 포켓북 교수학습12

• 원탁토의 : 자유로운 분위기에서 구성원 모두가 발언할 수 있는 기회를 가질 수 있도록 안내한다.

8. ① 포켓북 교육평가7

• 관찰법(observation)
① 관찰법은 정의적 행동 특성을 측정하는 가장 오래된 측정방법이다.
② 질문지에 의한 응답결과는 자기기록에 의한 것이므로 응답결과가 응답자들의 허위반응이나 가치중립화 경향에 의하여 잘못된 평가를 내릴 수 있다.
③ 이러한 문제를 줄이기 위하여 인간의 정의적 행동 특성을 평가할 때 관찰법을 사용한다.

9. ④ 포켓북 교육평가2

실시된 평가의 장단점을 평가관련자에게 알려주고 평가의 질적 개선을 도모하기 위해 메타평가를 실시하였다.

10. ② 포켓북 교육행정 11

기대이론 모형과 관련없는 것은 만족이다.

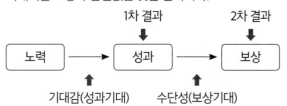

11. ④ 단권화 111, 교육행정

1) 이완결합체제로서의 학교 : Weick
　① 교원의 직무수행에 대한 엄격하고 분명한 감독이나 평가방법이 없다.
　② 교사들의 가치관과 신념, 전문적 지식, 문화·사회적 배경에 따라 교육내용에 대한 해석이나 교수방법이 다르다.
　③ 체제나 조직 내의 참여자에게 보다 많은 자유재량권과 자기결정권을 제공한다.
　④ 학교 구성원들에게 더 많은 자유재량과 자기결정권을 부여한다.
　⑤ 각 부서 및 학년 조직의 국지적 적응을 허용하고 인정한다.
　⑥ 환경 변화에 적응하기 위해 학교조직에서 이질적인 요소들이 공존하는 것을 허용한다.
　⑦ 조직의 효율적인 운영을 위해서는 신뢰의 원칙이 중요하다.
　⑧ 마이어(Meyer)와 로완(Rowan)은 학교조직의 이완결합성이 관료적 규범이 아니라 신뢰의 논리를 따라 활동한다고 주장하였다.

12. ① 포켓북 교육법5

1) 교육직원 분류표

교육직원	국공립계통 교육직원	교육공무원 특정직	교원	교장, 교감, 교사, 수석교사
			조교	
		일반적 공무원	교육전문직원	장학관, 장학사, 교육연구관
			사무계	일반행정, 교육행정, 사서
		기타 (별정직)	기술, 보건, 정보통신계	
			비서관	비서, 고용직
	사립계통 교육직원		교원	교장, 교감, 교사
			조교	
			교육행정직원	

13. ③ 포켓북 교육재정 2

1. "기준재정수요액"이란 지방교육 및 그 행정 운영에 관한 재정수요를 제6조에 따라 산정한 금액을 말한다.
2. "기준재정수입액"이란 교육·과학·기술·체육, 그 밖의 학예(이하 "교육·학예"라 한다)에 관한 모든 재정수입으로서 제7

조에 따른 금액을 말한다.

3. "측정단위"란 지방교육행정을 부문별로 설정하여 그 부문별 양(量)을 측정하기 위한 단위를 말한다.

4. "단위비용"이란 기준재정수요액을 산정하기 위한 각 측정단 위의 단위당 금액을 말한다.

14. ④ 포켓북 교육철학 6

비판이론① '도구적 이성'에 대한 본격적인 비판이 이루어진 시기이다 : 추구하는 가치나 목적이 과연 바람직한 것인지, 정당한 것인지에 대해서 그 이성은 아무런 판단도 할 수 없다는 점이 '도구'② 그러나 하버마스는 다른 비판이론가들과 달리 이성의 도구적 측면에 대한 회의적 분석에서 끝나지 않고 그것의 해방적 기능이 여전히 유효하게 작동할 가능성이 남아있다는 점에 주목한다. ③ 현대 산업사회에서 도구화된 이성이 가장 두드러지게 작용하고 있는 분야는 관료주의적 행정과 자본주의 시장경제 체제이다. ④ 도구적 이성이 우리 삶을 지배하게 된 것은 현대 들어 바로 이 두 영역이 우리 삶을 포괄적으로 지배하게 되었기 때문이다. ⑤ 도구적 이성의 원리에 따라 운영되고 있는 '체제의 측면 말고 우리 삶이 영위되는 또 하나의 합리적 영역'이 존재한다. ⑥ 하버마스는 이 측면을 '생활세계 (lifeworld)'라 칭하고, ⑦ 이 영역에서 작동하는 합리성을 '의사소통적 합리성(communicative rationality), ⑧ 이 합리성에 따라 이루어지는 행위를 '의사소통적 행위(communicative action)'라고 부른다. ⑨ 하버마스의 생활세계는 언어 사용의 주체로서 개인과 개인 간의 상호작용이 이루어지는 세계이며, 의사소통적 행위를 통해서 이루어지는 이 세계에서의 합리화 과정은 체제측면에서 이루어지는 합리화 과정에 규범적 방향성을 제공한다. ⑩ 의사소통적 합리성에 따라 이루어지는 행위, 곧 의사소통적 행위는 대화에 참여하는 사람들 간의 이해를 지향하며, 그것의 목적은 "상호 이해, 지식의 공유, 상호 신뢰와 조화를 통한 간주관적 공통성의 형성을 기반으로 한 합의를 이끌어 내는 것이다."

15. ② 단권화 127 교육사회

① 알튀세는 프랑스를 대표하는 사회철학자 중의 한 명으로, 학교교육은 자본주의 사회에서 생산 관계의 유지에 필요한 지식, 기술, 태도, 가치 등을 아동에게 전수하고 나아가 사회에 복종하는 순치된 노동력을 재생산하는 핵심 장치이다.

2) 국가 통치기구로서 두 가지 장치
  ① 상부구조는 정치적 · 법적 기구를 대표하는 하는 것으로 억압적 국가기구와 이데올로기적 국가기구가 있다.
  ② 억압적 국가기구(repressive state apparatus: RSA)는 강제적 힘을 행사하는 경찰, 군, 행정부, 교도관 등으로 구성되어 있다.
  ③ 이데올로기적 국가기구(ideological state apparatus: ISA)는 교육, 종교, 가족, 법, 정치, 무역, 미디어 · 문화적 ISA로 구

분되며, 자발적 동의를 창출하는 기능을 수행하고 있다.

16. ② 단권화 153 교육철학

① 허스트(P. H. Hirst)는 피터스와 더불어 영국 교육철학계를 대표하는 학자

② 1960년대 이후 분석철학적 전통에 서서 교육철학을 하나의 독립된 학문으로 확립해 온 대단히 중요한 인물

③ 자유교육의 의미를 '지식의 형식들(forms of knowledge)'의 중요성을 통해서 설명

④ 1990년대 들어 '지식의 형식들'에 대해 이전에 자신이 펼쳤던 논점들을 다소간 유보

⑤ 그 대안으로 '사회적 활동들 (social practices)'이라는 개념을 제시

⑥ '전기 허스트'는 지식의 형식들의 교육을 통한 자유교육의 개념으로, 그리고

⑦ '후기 허스트'는 사회적 활동들의 교육을 통한 보다 풍성한 인간삶의 추구라는 논제로 요약될 수 있다.

17. ③ 포켓북 서양 교육사1

대화를 통해 깨달음을 얻는 방법은 소크라테스의 대화법이다.

18. ① 포켓북 한국교육사 11, 13

• 교육입국조서 1895년
• 동문학 1883년 설립

19. ④ 포켓북 평생교육1

④ 사내대학의 전문대 및 대학의 졸업자는 학위를 인정한다.

20. ② 포켓북 교육과정4

①,③,④는 중앙집권적 교육과정의 단점에 해당한다.

지방직 모의고사 7회

1	①	2	③	3	①	4	④	5	①
6	①	7	②	8	④	9	④	10	③
11	②	12	①	13	④	14	④	15	①
16	③	17	①	18	③	19	④	20	①

1. ① 포켓북 교육과정2

② 재건주의
③ 분석철학 : 피터스와 허스트
④ 교과중심

2. ③ 포켓북 교육과정5
• 영(null) 교육과정은 교육적 가치가 있음에도 불구하고 공식적 교육과정에서 배제된 교육과정이다.
① 잠재적 교육과정(잭슨)에 대한 설명이다.
② 잠재적 교육과정(애플)에 대한 설명이다.
④ 공식적 교육과정에 대한 설명이다.

3. ① 포켓북 교육심리13
• 사회인지의 주요개념 : 모델링, 5, 관찰학습, 자기효능감, 자기조절
• 프로이드 정신분석학 : 프로이드(Freud) 정신분석이론의 핵심개념은 무의식으로, 상담의 목표는 무의식을 의식화하는 것이다.
• 프로이드의 방어기제

4. ④ 포켓북 교육심리9
① 발달단계의 구분은 인지구조의 질적 차이로 나타난다.
② 인지구조는 계속적으로 변화하는 지적인 조직 형태이다.
③ 새로운 사상을 인지하기 위하여 개인을 이에 맞추어 기존의 인지구조를 변형시키는 것을 조절이라 한다.

5. ① 포켓북 교육심리9
개인을 중시하는 입장으로 2단계이다.

6. ① 포켓북 교수학습6, 7
ㄱ은 평가문항 개발 단계이다.

7. ② 교수학습 단권화 56
주어진 보기의 내용은 새로운 지식이나 학습과제를 맹목적으로 암기하는 것이 아니라 기존의 인지구조 즉, 인지구조 내에 있는 정착지식(준비도와 유사)을 매개로 하여 새로운 지식을 동화, 포섭함으로써 새로운 지식이 형성된다는 것으로 오수벨(D. P. Ausubel)의 설명식 수업과 관련된다. 따라서 답은 ②이다.

8. ④ 단권화 80 교육평가
• 기울기=변별도(기울기가 가파를수록 변별도가 높다)
① 문항 1은 능력수준이 중간 보다 낮은 사람들을 변별하는데 적합하다.
② 문항 2는 문항 3보다 추측도가 높다.
③ 문항 3의 기울기는 문항4의 기울기보다 완만하므로 변별도가 낮다.

9. ④
① 누구에게나 공정하고 정확한 검사결과를 얻을 수 있다.

② 피험자의 능력에 맞는 문제를 제시함으로써 동기를 유발시킨다.
③ 효율적인 검사를 실시할 수 있기 때문에 검사에 소요되는 시간을 단축할 수 있다.
④ 개인마다 다른 형태의 검사를 시행함으로써 검사 도중에 발생하는 부정행위를 방지할 수 있다.
⑤ 검사문항 내용에 대한 정보유출의 가능성을 최소화시킬 수 있다.

10. ③ 단권화 103 교육행정
관료제적 특성은 독립된 조직보다 위계적인 수직적 조직이다.

11. ② 단권화 116 교육행정
• 점증모형(incremental model) : 린드블롬(Lindblom)
① 의사결정 시 현실을 긍정하고 이전의 상태보다 다소 향상된 대안을 추구하는 모형
② 보수적이고 소극적이라는 비판을 받고 있다.

12. ① 포켓북 교육법15
① 학교헌상과 악식의 제정 또는 개징 : 사립학교는 지문이다.
 • 학교운영위원회의 기능 : 학교에 두는 학교운영위원회는 다음 각 호의 사항을 심의한다. 다만, 사립학교에 두는 학교운영위원회의 경우 제7호 및 제8호의 사항은 제외하고, 제1호의 사항에 대하여는 자문한다. <개정 2021. 9. 24.>
  1. 학교헌장과 학칙의 제정 또는 개정
  2. 학교의 예산안과 결산
  3. 학교교육과정의 운영방법
  4. 교과용 도서와 교육 자료의 선정
  5. 교복·체육복·졸업앨범 등 학부모 경비 부담 사항
  6. 정규학습시간 종료 후 또는 방학기간 중의 교육활동 및 수련활동
  7. 「교육공무원법」 제29조의3제8항에 따른 공모 교장의 공모 방법, 임용, 평가 등
  8. 「교육공무원법」 제31조제2항에 따른 초빙교사의 추천
  9. 학교운영지원비의 조성·운용 및 사용
  10. 학교급식
① 학교운영위원회는 학교발전기금을 조성할 수 있다.
② 학교운영위원회는 학교발전기금의 조성·운용 및 사용에 관한 사항을 심의·의결한다.

13. ④ 포켓북 교육재정5
운영위원회는 발전기금의 관리 및 집행과 그 부수된 업무의 일부를 당해 학교의 장에게 위탁할 수 있다.

14. ④ 단권화 155 교육철학

해당 내용은 비판이론에 관한 설명이다. 비판이론의 대표적 학자로는 호르크하이머(M, Horkheimer), 아도르노(T. Adorno), 마르쿠제(H, Marcuse), 하버마스(J. Habermas), 지루(H. Giroux), 프레이리(P. Freire)등이 있다.

15. ① 포켓북 교육사회16
• 무상교육 - 보장적 평등
• 저소득층 아동들의 기초학습 능력을 길러주기 위해 보상교육을 제공 – 결과의 평등(보상적 평등)
• "보상적 평등주의" : 미국의 Head Start Project, 영국의 교육우선지역(Educational Priority Area)사업, 한국의 농어촌학생특별전형제, 한국의 교육복지우선지원 사업 등

16. ③ 포켓북 서양 교육사9

감각적 교재 활용과 학습에 대한 교재 시기에 대한 책은 코메니우스의 대교수학이다.

17. ① 포켓북 한국 교육사1

경당(扃堂)은 고구려시대의 교육기관이다.

18. ③ 단권화 185
① 국학에서는 박사와 조교가 교육하였다.
② 국학에는 대사 이하의 경위(京位)를 가지고 있거나, 또는 관등을 가지고 있지 못하더라도 장차 가질 수 있는 사람이 입학하였다.
④ 국학은 15세부터 30세까지 학업을 수행할 수 있었으며, 9년을 기한으로 했는데 우둔해서 교화되지 않는 자는 그만두게 하고, 재기(才器)가 이루어질 수 있으나 익숙하지 못한 자는 비록 9년이 넘더라도 재학을 허락하였다.

19. ④ 포켓북 평생교육5
• 렝그랑(P. Lengrand) :『평생교육에 대한 입문 (Introduction to Lifelong Education, 1970)』
① 유네스코의 평생교육 지향에서 가장 중요한 인물 중 한 사람은 렝그랑이다.
② 평생교육에 대한 입문은 평생교육의 개념 정립보다는 평생교육의 대두 배경을 제시함.
③ 인간의 전 생애에 걸친 교육기회 제공, 인간의 발달단계에 적합한 교육기회 제공, 인간의 전 생애에 걸친 학습지원을 위한 제도적 장치 마련, 공교육기관의 평생 교육기관으로서의 기능 강화를 통해 개인의 사회 참여 등이다.
④ 평생학습을 통해 개인이 가진 다양한 소질을 계속적으로 발전시키는 교육

⑤ 국제교육의 해와 개발연대를 맞이서 전 세계적으로 보급·확산에 기여

20. ①
가. 국가 수준의 공통성을 바탕으로 지역, 학교, 개인 수준의 다양성을 추구할 수 있도록 학교 교육과정의 기준과 내용에 관한 기본사항을 제시한다.
나. 학교 교육과정이 학생을 중심에 두고 주도성과 자율성, 창의성의 신장 등 학습자 성장을 지원할 수 있도록 교육과정의 기준과 내용을 제시한다.
다. 학교의 전반적인 교육 체제를 교육과정 중심으로 운영할 수 있도록 교육과정의 기준과 내용을 제시한다.

지방직 모의고사 8회

1	③	2	④	3	②	4	④	5	③
6	③	7	①	8	④	9	③	10	②
11	③	12	④	13	①	14	④	15	①
16	④	17	④	18	③	19	①	20	④

1. ③ 포켓북 교육과정2
지적 특성의 발달보다는 정의적 능력의 성취를 강조한다.

2. ④ 포켓북 교육과정7
① 계속성
② 유용성
③ 수평적 연계성
④ 계열성

3. ② 포켓북 교육심리6

발달단계	위기	덕목
① 영아기	신뢰 대 불신	신뢰
② 유아기	주도성 대 죄의식	목적
③ 학령기	근면성 대 열등감	유능감
④ 청년기	정체감 대 역할혼미	충성

4. ④ 포켓북 교육심리22
④ 학습부진(under achiever)은 정상적인 학교학습 능력이 있으면서도 선수학습 요소의 결손 때문에 설정된 교육 목표의 최저 학업 성취 수준에 도달하지 못한 학습자를 학습부진 학생으로 정의한다.
① 학습장애(learning disabilities) : 지능 수준이 낮지 않으면서도

말하기, 쓰기, 읽기, 셈하기 등 특정 학습에서 장애를 보인다.
② 미국정신지체아협회(AAMD)의 정신지체(mental retardation) 정의 : 일반적 지적 기능이 심각할 정도로 평균 이하이거나 적응적 행동의 결함을 동반하며, 발달 과정 중에 이러한 특징이 나타나는 아동을 의미한다.
③ 행동장애(behavior disorders)는 정서적 혼란(emotional disturb)과 같은 의미로 사용되고 있으며, 행동장애 학생이란 사회 갈등, 개인 불만, 학교 성적 부진 등을 지속적으로 나타내는 학생을 의미한다.

5. ③ 포켓북 진로상담5

자기결정을 하며 자기 행동 및 삶에 책임을 질 수 있는 존재라고 보는 것은 윌리엄 글래서(William Glasser)의 현실요법상담이다.

6. ③ 단권화 73 교수학습

1) 인지 유연성 이론(Cognitive Flexibility Theory : CFT) : 스피로 (Spiro)
① 인지 유연성 이론은 현실의 다양한 맥락에 존재하는 복잡성이 높은 비구조 문제를 해결하기 위해 필요한 고차원 적지식을 기르는 방법으로 제안되었다(Spiro,1988).
② 인지유연성이란 급격한 상황 변화에 능동적으로 본인의 지식을 재구조화(restructure)하여 적응(adaptive response)하는 능력(ability)을 의미한다(Spiro & Jehng, 1990).
③ 동일한 독감 환자이지만 의사가 임산부와 건장한 남성 성인에게 처방을 다르게 하는 것이 그러한 예일 것이다. 즉, 동일한 문제이지만 개별특성에 맞게 지식을 능동적으로 변형하여 해결책을 제안하는 것이다.
④ 대부분의 지식은 복잡하고 다원적인 개념으로 형성되어 있다.
⑤ 지식을 단순화·구조화하여 제시하는 것은 고차적 습득을 오히려 방해한다.
⑥ 지식의 전이는 지식을 단순히 기억해내는 것이 아니라 즉 각적으로 재구성하는 것이다.
⑦ 다양한 적용 사례들을 제시해 줌으로써 다양한 형태의 지식을 다각도로 체험하게 한다.

7. ① 단권화 76 교수학습

• 플립러닝(flipped learning) : 거꾸로 학습은 교사가 수업시간에 강의를 하지 않고, 수업내용 관련 동영상을 제공하여 학생들이 미리 학습하게 하고, 수업시간에는 학생 주도로 과제수행, 질문, 토론 등 학생들이 적극적으로 참여하는 수업방식

8. ④ 단권화 79 - 82

• ㄱ – 규준참조평가

• ㄴ – 준거참조평가
• ㄷ – 능력참조평가
• ㄹ – 성장참조 평가

9. ③ 단권화 84 교육평가

• ㄱ, ㄷ : 진단평가
• ㄹ : 총괄평가

10. ② 단권화 102

①, ③ 인간관계론 입장이다.
④ 체제적 관점이다.

11. ③ 단권화 108 교육행정

공립학교처럼 조직이 그 조직에 들어오는 사람을 통제할 수 없고, 조직의 고객도 그 조직에 참여하는 것을 스스로 선택할 수 없는 조직유형은 온상(사육)조직이다.

12. ④ 포켓북 교육법 16

제8조(학교안전교육의 실시)①학교장은 학교안전사고를 예방하기 위하여교육부령으로 정하는 바에 따라 학생·교직원 및 교육활동참여자에게 학교안전사고 예방 등에 관한 다음 각 호의 교육(이하 "안전교육"이라 한다)을 실시하고 그 결과를 학기별로 교육감에게 보고하여야 한다.<개정 2008. 2. 29., 2013. 3. 23., 2015. 1. 20., 2016. 2. 3., 2021. 3. 23.>
1.「아동복지법」제31조에 따른 교통안전교육, 감염병 및 약물의 오남용 예방 등 보건위생관리교육 및 재난대비 안전교육
2.「학교폭력 예방 및 대책에 관한 법률」제15조에 따른 학교폭력 예방교육
3.「성폭력방지 및 피해자보호 등에 관한 법률」제5조에 따른 성폭력 예방에 필요한 교육
4.「성매매방지 및 피해자보호 등에 관한 법률」제5조에 따른 성매매 예방교육
5.「초·중등교육법」제23조에 따른 교육과정이 체험중심 교육활동으로 운영되는 경우 이에 관한 안전사고 예방교육
6. 그 밖에 안전사고 관련 법률에 따른 안전교육
　② 삭제<2015. 1. 20.>
　③ 교육부장관 및 교육감은 다음 각 호의 사항이 포함된 안전교육에 필요한 교재와 프로그램을 개발·보급하고, 학교장의 요청이 있는 경우교육부령으로 정하는 안전교육을 담당할 강사를 알선하는 등 안전교육에 필요한 지원을 하여야 한다.<개정 2008. 2. 29., 2013. 3. 23., 2015. 1. 20.>
1. 안전사고 예방 및 대책에 관한 사항
2. 재난대비 훈련 및 안전에 관한 사항
3. 그 밖에교육부장관이 필요하다고 인정하는사항

④ 학교장은 필요에 따라 안전교육을 이론교육과 실습교육으로 병행하여 실시하되, 안전교육을 효율적으로 실시하기 위하여 교원 또는 교육활동참여자로 하여금 담당하게 하거나 교육부령으로 정하는 바에 따라 전문교육기관·단체 또는 전문가에 위탁하여 실시할 수 있다.

13. ① 포켓북 교육재정4

B. 학교의 장은 제3항에 따른 예산안이 새로운 회계연도가 시작될 때까지 확정되지 아니 하여도 다음 각 호의 경비를 전년도 예산에 준하여 집행할 수 있다.

D. 지방자치단체의 교육비특별회계의 전입금은 학교회계의 세입항목이다.

14. ④ 포켓북 교육사회10

벤딕스(R. Bendix)에 의해 제시된 이론은 국민통합론이다.

15. ① 단권화 58 교육철학

구분	객관주의(교사중심)
지식	개인의 정신과 독립적으로 존재하는 고정적이고 확인할 수 있는 객체로서 내부로 전달되는 것
실재	인식 주체의 외부에 존재
문제	학습할 가치가 있다고 객관적으로 검증된 학습내용
학습자	수동적 수용자
교사	지식의 전달자
교수목적	체계적, 효율적인 지식 전달
목표	초월·범우주적인 진리와 지식의 추구

16. ④ 포켓북 서양 교육사16

듀이(Dewey)는 거리가 있는 두 개의 사물을 연결하는 것을 흥미(interesting)로 보았다.

17. ④ 포켓북 한국 교육사3

고려의 학교교육은 유교사상을 근간으로 전개되었다.

18. ③ 단권화 210

일제의 우민화 정책에도 불구하고 제2차 「조선교육령」 시기에 조선인의 보통학교 재학생 수는 증가하였다.

19. ① 포켓북 평생교육5

유네스코의 특별위원회에서 1966년 10월 5일 채택한 '교원의 지위에 관한 권고' (Recommendation)

20. ④ 포켓북 교육과정5

표면적 교육과정은 학교의 의도적 조직 및 지도에 의해 이루어

지므로 바람직한 내용만을 포함하나 잠재적 교육과정은 바람직한 것과 바람직하지 못한 것을 포함하고 있다.

지방직 모의고사 9회

1	③	2	③	3	②	4	①	5	③
6	③	7	①	8	④	9	④	10	④
11	④	12	④	13	①	14	①	15	①
16	①	17	④	18	④	19	②	20	③

1. ③ 포켓북 교육과정4

3) 제1차 교육과정(1954~1963) : 교과중심교육과정
4) 제2차 교육과정(1963~1973) : 경험(생활)중심교육과정
5) 제3차 교육과정(1973~1981) : 학문중심교육과정
6) 제4차 교육과정(1981~1987) : 인간중심교육과정, 통합교육과정 개념 도입
7) 제5차 교육과정(1987~1992) : 인간중심교육과정유지, 통합교육과정 확대
8) 제6차 교육과정(1992~1997) : 교육과정 분권화, 지역과 학교의 재량권 확대

2. ③ 포켓북 교육과정8, 12

Tyler와 Taba의 교육과정 개발모형은 논리적·합리적·체계적인 일련의 절차를 제시하고 있어 교육과정 개발자나 수업계획자가 이에 따라 하기가 쉽고, 경험적 실증적으로 교육성과를 연구하는 경향을 촉발하였다.

3. ② 교육심리 단권화 41

①은 내적, 불안정적, 통제 불가능, ②는 외적, 안정적, 통제 불가능, ③은 내적, 불안정적, 통제 가능 그리고 ④는 내적, 안정적, 통제 불가능과 관련된다. 따라서 답은 ②이다.

4. ① 단권화 29 교육심리

1) 생물생태학적 접근 : 유리 브론펜브레너(U. Bronfenbrenner)
   ① 미시체계(microsystem) : 개인에게 가장 근접해 있으며 개인과 직접적인 상호작용을 하는 환경체계다. 예) 가족, 학교, 또래 친구, 놀이터
   ② 중간체계 (mesosystem) : 둘 또는 그 이상의 미시체계가 상호 관련되어 서로 영향을 주고받는 양방향 관계다. 예) 부모-교사 관계, 가정-학교 관계, 부모-또래 친구 관계
   ③ 외체계(exosystem) : 개인에게 직접 영향을 미치지는 않지만 미시체계나 중간체계에 영향을 미침으로써 개인에게 간

접적인 영향을 주는 생태체계를 말한다. 예 부모의 직장, 교육청

④ 거시체계(macrosystem) : 미시체계, 중간체계, 외체계를 모두 포함하는 환경체계이다. 개인의 삶과 발달에 지속적이며 전반적인 영향을 미치는 문화, 신념, 가치관, 전통, 관습, 정치적 이념, 법률제도 등이 거시체계에 해당된다.

⑤ 시간체계(chronsystem, 연대체계) : 개인이 생활하는 시대적 배경, 역사적조건, 개인의 전 생애에 걸쳐 일어나는 변화를 포함한다. 예) 청소년기에 부모의 이혼

5. ③ 포켓북 진로상담1

1) 생활지도 원리

1. 개인 존중과 수용 : 개인의 권리와 존엄성 및 가치의 인정
2. 전인성(통합) : 학생의 지, 덕, 체의 조화로운 성장 도모, 교육과정과 통합
3. 적극성 : 교정이나 처벌보다 사전예방과 지도 및 선도에 중점
4. 균등성 : 모든 학생을 대상
5. 계속성 : 1회성이 아닌 연속적인 과정

6. ③ 포켓북 교수학습5

2) 학습결과(learning outcomes) : 다섯 가지 학습영역

① 언어정보(verbal information) : 정보를 진술하거나 말하는 능력으로 선언적 지식 또는 명제적 지식이라고도 한다. 사물의 이름이나 단순한 사실, 원리, 조직화된 정보 등을 말한다.

② 지적 기능(intellectual skills) - 변별 - 개념 - 원리 - 문제해결 순서로 가르친다. 지적 기능은 대상이나 사건 등을 구별하고, 결합하고, 도표화하고, 분류하고, 분석하고 적용하는 등 기호나 상징을 사용하거나 방법을 아는 것으로 절차적 지식이라고도 한다. 학교교육에서 가장 많은 비중을 차지하는 영역이다.

7. ① 포켓북 교수학습12

버즈학습은 필립스(Phillips)가 고안한 것으로 여러 개의 소집단으로 구성하여 자기의 의견을 발표하는 토의에 대한 공동학습의 한 형태이다. 소집단 전원이 토론에 적극 참여하여 사회적 협동심을 높이고 인간관계를 깊게 할 수 있으며, 의사발표의 기술과 요령이 있는 발표능력을 키워 자기표현력을 증진시키는 데에 주안점을 두고 있다.

8. ④ 단권화 81 교육평가

준거참조평가는 부적 편포를 기대하기 때문에 개인 간의 차이를 변별하기가 용이하지 않다.

9. ④ 단권화 92 교육평가

1) 개요

① 고전검사이론이 관찰점수는 진점수와 오차점수에 의하여 합성되었음을 가정하고 총점에 의하여 문항을 분석하 고 피험자 능력을 추정하는 검사이론이라면,

② 문항반응이론은 문항 하나하나에 근거하여 분석하는 이론이다.

③ 각 문항마다 고유한 문항특성곡선에 의하여 문항을 분석한다.

10. ④ 포켓북 교육행정14

4) 초우량 지도성 : 만즈(Mans)와 심스(Sims)

① 조직의 지도자가 구성원 개개인을 지도자로 성장. 변화시키는 지도성이다.

② 슈퍼 지도성은 조직 구성원 각자가 스스로를 통제하고 자신의 삶에 진정한 주인이 될 수 있도록 자율적 지도성을 계발하는 데 중점을 두는 지도성의 개념이라 할 수 있다.

5) 감성 지도성 : 골만(Goleman)

① 지도자의 감성능력은 자기 자신과 주변과의 인간관계를 효과적으로 관리하는 능력

② 자기인식, 자기관리, 사회인식, 사회적 기술 등의 영역으로 나눔

③ 감성 지도성의 구성요인은 개인역량과 사회적 역량으로 나뉜다.

11. ④ 포켓북 교육행정17

6) 쓰레기통모형 : Cohen, March, 조직화된 무질서(무정부)

① 학교 조직의 의사결정은 다양한 문제와 해결 방안들 사이의 혼란스러운 상호작용 속에서 비합리적이고 우연적 방식으로 이루어진다.

② 조직의 목적은 사전에 설정되는 것이 아니라 자연스럽게 나타난다.

③ 문제와 해결책이 조화를 이룰 때 좋은 의사결정이 이루어진다.

④ 조직의 목적은 사전에 설정되는 것이 아니라 자연스럽게 나타난다.

⑤ 높은 불확실성을 경험하고 있는 조직에서 가장 많이 일어나는 정책결정 모형이다.

12. ④ 포켓북 교육법2

ㄱ. 모든 국민은 능력에 따라 균등하게 교육을 받을 권리를 가진다.

ㄴ. 모든 국민은 그 보호하는 자녀에게 적어도 초등교육과 법률이 정하는 교육을 받게 할 의무를 지닌다.

ㄹ. 국가는 평생교육을 진흥하여야 한다.

13. ① 단권화 121 교육행정

14. ① 포켓북 교육사회 1
과거의 문화유산 전달과 학교의 수동적 사회체제의 관점은 유형 유지 기능이다.

15. ①
젠크스(Jenks)와 동료학자들의 연구인 『불평등』에 연구에서는 가정의 사회경제적 배경과 학생의 인지적 능력이 학업성취에 큰 영향을 준다고 보았다.

16. ① 단권화 151
ㄱ. '무엇인가 가치 있는 것'을 추구하는 활동이다. : 규범적 준거
ㄴ. 학습자의 의식과 자발성을 전제하는 것이다. : 과정적 준거
ㄷ. 지식, 이해, 인지적 안목을 길러주는 것이다. : 인지적 준거

17. ④ 포켓북 서양 교육사8
이해와 판단을 중시하는 교육방법은 사회적 실학주의이다.
① 인문적 실학주의 - 고전연구를 통해 현실생활에 잘 적응하는 유능한 인간 양성을 강조하였다.
② 사회적 실학주의 - 여행과 같은 경험중심 교육을 통하여 사회적 조화와 신사 양성을 교육목적으로 강조하였다.

18. ④ 포켓북 한국 교육사13
• 1895년 2월 고종의 교육입국조서 이후 4월에 소학교 교사 양성을 위해 설립
① 육영공원 : 1886년 최초의 근대식 관립 교육기관
  1) 조선 후기 한국 최초의 근대식 공립교육기관으로 근대적 신교육으로 발전하는 교량적 역할
  2) 영어교육을 지나치게 강조하고 고급 양반 자제만을 대상으로 삼는 등 국민 대중 교육에는 한계가 있었다.
  3) 영어는 물론 농·공·상·의학 등의 다양한 서양 학문 포함
② 배재학당(1885) : 미국 북감리교 선교사인 H.G.아펜젤러
③ 원산학사 1883년 우리나라 최초의 민간인에 의해 설립

19. ② 포켓북 평생교육8
ㄱ. 교양과정, 전공기초과정, 전공심화과정, 학위취득 종합시험 인정시험을 통과하면, 학사학위를 수여하는 제도이다.
ㄷ. 특성화고등학교를 졸업한 사람은 독학학위제에 응시할 수 있다.
ㅁ. 과정별 인정시험에 관한 응시자격은 대통령령으로 정한다.

20. ③
단편적 지식의 암기를 지양하고 각 교과목의 핵심 아이디어를 중심으로 지식·이해, 과정·기능, 가치·태도의 내용 요소를 유기적으로 연계하며 학생의 발달 단계에 따라 학습 경험의 폭과 깊이를 확장할 수 있도록 수업을 설계한다.
교사와 학생 간, 학생과 학생 간 상호 신뢰와 협력이 가능한 유연하고 안전한 교수·학습 환경을 지원하고, 디지털 기반 학습이 가능하도록 교육공간과 환경을 조성한다.
각 교과의 특성에 맞는 다양한 학습이 이루어질 수 있도록 교과교실 운영을 활성화하며, 고등학교는 학점 기반 교육과정 운영을 위해 유연한 학습공간을 활용한다.
교과의 특성과 학생의 능력, 적성, 진로를 고려하여 학습 활동과 방법을 다양화하고, 학교의 여건과 학생의 특성에 따라 다양한 학습 집단을 구성하여 학생 맞춤형 수업을 활성화한다.

지방직 모의고사 10회

1	④	2	①	3	②	4	③	5	④
6	③	7	③	8	①	9	②	10	④
11	①	12	③	13	③	14	③	15	③
16	①	17	③	18	④	19	④	20	①

1. ④ 포켓북 교육사회3
• 학교 교육의 헤게모니는 애플이 주장하였다.
나. 드리븐의 잠재적 교육과정 논의
  드리븐(R. Dreeben)은, 자신의 전공인 사회학의 임무에 충실하게도, 학교 교육이 수행하는 사회화 기능의 관점에서 잠재적 교육과정을 분석하였다. 드리븐에 의하면, 학교가 수행하는 사회화의 기능 중에 '독립심'과 '성취감'이라는 규범의 학습과 '성인 권위의 수용'이 가장 중요한 잠재적 교육과정을 형성한다(Dreeben, 1968). 학생들은 학교생활을 하는 동안 사회생활에 필요한 독립심과 성취감 등의 사회 규범을 배우게 된다. 즉 학생들은 학교에서 자신의 일을 독립적으로 수행하고, 자신의 의무를 다하는 것을 배운다.

2. ① 포켓북 교육과정 14
① 상황 분석하기 : 학교중심교육과정개발 모형 1단계
• 위긴스와 맥타이의 이해중심교육과정
  1) 바라는 결과 확인하기 : 목표
    학습목표를 설정하는 단계로 교사는 학생이 수업(혹은 교육과정이 끝났을 때, "무엇을 알고 이해해야 하는가?"를 질문하고 그것을 목표로 설정한다.

2) 수용 가능한 증거 결정하기 : 평가계획

평가기준을 설정하는 단계로 교사는 "학습목표(기대되는 학습 결과)가 성취되었음을 어떻게 알 수 있는가?"를 질문 한다. 이 단계에서 교사는 평가자의 입장에서 학생의 목표 성취 여부를 수용할 수 있는 기준을 설정한다.

3) 학습경험 계획하기 : 수업

기대되는 학습결과를 효과적으로 수행하고 성취하기 위한 학습경험과 교수방법을 어떻게 설계할 것인지를 해결하기 위하여 위긴스와 맥타이는 WHERETO 방법을 제안하였다.

3. ② 단권화 27 교육심리

• 자기결정성 이론(self-determination theory : SDT) : 데시와 라이언(Deci & Ryan)

① 자기결정성은 환경에 대해 어떤 행동을 취할 것인가를 스스로 결정하는 것으로 개인의 의지를 사용하는 과정이다.

② 학생이 스스로 과제를 선택할 때, 보다 오랫동안 과제에 참여하고 즐거운 학습경험을 하게 된다.

③ 기본 가정으로 내재동기의 기초에 기본 심리욕구가 있으며 이 욕구들이 학습, 성장, 발달을 위한 동기를 제공한다고 설명한다. 인간은 자율성(autonomy), 유능감(competence), 관계성(relatedness)의 세 가지 기본 욕구를 가지고 있고 이를 충족하기 위해 노력한다.

⑨ 초인지(metacognition) : 사고과정에 대한 지식으로 자신의 인지과정 전체를 지각하고 통제하는 정신활동으로 인지과정 전체를 계획하고 점검하며 평가하는 역할을 한다.(계획-점검-조절-평가)

4. ③ 단권화 38, 포켓북 교육심리 15

메타인지능력은 개인차가 있으며 학습에 중요한 요소이다.

5. ④ 포켓북 진로상담2

프로이드는 인간의 행동을 인과적 관계로 해석하는 결정론적 관점이다.

6. ③ 단권화 71, 교수학습

• 정착수업 설계원리

① 상호작용적 비디오디스크와 같은 공학에 기초하여 구성 : 학습자에게 강한 동기를 유발, 학습자의 복잡한 이해력을 지원하고, 독해력이 부족한 학생을 도와줄 수 있다.

② 비디오를 사용한 현실적 문제를 중심으로 이야기식 표현사용 : 기억하기 용이하고, 학습자의 몰입을 촉진하고, 학생에게 매일 일어나는 사건과 수학 및 일반적 사고 간의 관련성을 쉽게 인식하도록 할 수 있다.

③ 생성적인 구성 : 이야기를 본 후 학습자는 해결해야 하는 문제가 무엇이고 이를 어떻게 해결할 것인지에 대한 전략을 생성

해 내도록 한다.

④ 문제해결을 위한 모든 자료가 비디오 안에 내재되도록 설계 : 이를 통해 학습자가 문제해결을 위해 어떤 자료가 필요한지 의사결정을 하고 필요한 모든 정보는 비디오디스크와의 상호작용을 통해 습득할 수 있게 설계를 한다.

⑤ 선정된 문제의 복잡성 : 즉, 문제해결을 시도하다가 곧 포기하지 않도록 해야 하고, 실제 문제가 가지고 있는 다양한 수준의 복합적 특성을 그대로 제공해 주는 것이 중요하다.

⑥ 통합교육과정의 형태로 설계를 해야 한다.

7. ③ 단권화 66

개별학습에서 교육목표는 학습자 개인의 동기·능력·희망·흥미에 따라 선택되고 결정된다.

8. ① 포켓북 교육평가12

9. ② 포켓북 교육과정 10

인지적 영역의 목표는 지식, 이해, 적용, 분석, 종합, 평가로 평가능력이 가장 고차적 인 정신능력이다.

10. ④

• 규율과 규정은 관료제의 특징이다.

3) Senge의 학습조직(learning organization)

① 체제적 사고(system thinking) : 조직의 다양한 사건이나 활동을 부분이 아니라 조직 전체의 역동적인 상호작용 차원에서 인지하고 이해하는 접근방식

② 개인적 숙련(personal mastery) : 지식과 기술 등에 대한 개인적 역량을 지속적으로 키우는 학습활동

③ 비전의 공유(shared vision) : 조직이 추구하는 방향과 그 중요성에 대한 공감대 형성

④ 팀 학습(team learning) : 구성원들이 팀을 이루어 학습하는 것으로 개인 학습을 증진하고 조직학습을 유도

⑤ 정신적 모형(mental model) : 주변에서 발생하는 현상들을 이해하는 인식체계

11. ①

3) Steinhoff와 Owens의 학교문화 유형론

① Steinhoff와 Owens(1976)는 공립학교의 문화를 은유(metaphor)로 된 네 가지 형질의 문화로 분류하고, 학교문화평가척도를 개발해 조사하였다.

② 그 결과는 가족문화와 기계문화의 학교가 많고, 공연문화와 공포문화의 학교는 비교적 적은 것으로 나타났다. 네 가지 형질의 문화와 그 특징을 간단히 정리하면 다음과 같다.

문화유형	특징
가족문화	• 학생에 대한 의무 이상의 헌신, 서로에 대한 관심이 중요 • 모든 사람은 가족의 한 구성원이며, 애정, 우정, 협동적, 보호적
기계문화	• 학교를 순전히 기계적인 것으로 간주, 조직 구조가 원동력 • 행정가는 조직유지를 위한 투입을 제공하기 위해 시시각각 노력
공연문화	• 학교는 브로드웨이 쇼, 연회 등 공연장으로 간주, 청중의 반응에 초점 • 명지휘자의 감독하에 교수의 예술적 질을 강조
공포문화	• 학교가 전쟁지역과 같은 긴장의 장으로 은유되는 문화 • 학교는 폐쇄상자, 교도소, 고립된 생활공간으로 묘사, 직원 간 비난, 적대적

12. 정답 ③ 교육법

③은 제6조(교육의 중립성)의 내용이다.

13. ③ 포켓북 교육법17

학교의 장은 제1항제3호에 해당하는 학업에 어려움을 겪는 학생에게 학업 중단에 대하여 충분히 생각할 기회를 주어야 한다. 이 경우 학교의 장은 그 기간을 출석으로 인정할 수 있다. <신설 2016. 12. 20., 2021. 3. 23., 2022. 12. 27.>

14. ③ 포켓북 교육사회10

클락(B. Clark)에 의해 제시된 이론은 기술기능이론이다.

15. ③ 포켓북 교육사회18

• 제1원칙인 '평등의 원칙'
① 인간의 기본적 권리로서 어떤 정치사회적조건에 의해 차등되지 않고 모든 사람에게 동등한 대우를 해야 한다는 것이다.
② 개인의 자유는 사회 전체의 목적과 이익을 위해 침해할 수 없는 불가침의 권리이기 때문이다
(2) 제2원칙인 '차등의 원칙'
① 모든 사람의 이익을 증대시키기 위해 불가피하게 나타나는 불평등을 정당한 것으로 간주하고 있다. 그러나 롤스는 특정 개인의 이익을 극대화하기 위한 능력주의는 부정의하고 불평등한 것으로 보고, '최소 수혜자에게 최대 이익'인 사회적 선을 실현하는 것이 정의로운 사회라고 역설한다.
② 롤스는 정의를 구현하기 위한 과정으로 '공정한 기회균등의 원리'를 강조한다. 능력주의는 외관상 공정하게 보이지만, 사실 사회의 출발선상에서 보이지 않는 계급적 혜택에 의해 좌우된다. 그는 이런 문제를 보완하기 위해 '사회적 우연성', 즉 계급적 배경의 혜택을 배제하고, 누구나 동일한 교육적 출발선상에 놓이게 한 것을 주장한다.
③ 그의 교육관은 '차등의 원칙'을 고려하여, 모든 사람의 최대 이익을 구현하는 사회적·집단적 공동선을 실현하는 자유를 통

해서 모두가 행복할 수 있는 사회적 평등의 최대화에 있다. 롤스는 개인의 자유 가치를 존중하면서 사회의 평등 원리를 지향하고 있지만, 궁극적으로 평등 원리에 비중을 더 두고 있다.

16. ① 단권화 162

플라톤(Platon)의『국가론』핵심 주제는 정의, 즉 올바른 삶이다. 올바른 삶을 위해 가장 중요한 것은 이성의 덕인 지혜를 갖추는 것이며『국가론』에서 초기 교육은 음악과 체육을 중심으로 하고, 후기 교육은 철학 또는 변증법을 강조한다.

17. ③ 포켓북 한국 교육사1

• 독서와 활쏘기의 문무일치 교육
교육행정의 기능 : 기획 - 조직 - 명령 - 조정 - 통제
① 조직에 대한 설명이다.
② 지시(동기부여)에 대한 설명이다.
④ 기획에 대한 설명이다.

18. ④ 포켓북 한국 교육사5

ㄱ. 교육내용은 사서삼경 및 제사(諸史)의 강독(講讀), 제술(製述), 서법(書法)을 익히되, 노자와 장자 및 불교 서적과 제자백가와 잡학에 관한 책은 읽지 못하게 했다.
ㄴ. 매월 8일과 23일은 정기휴일로 세탁, 부모를 만나는 날을 준다.

19. ④ 포켓북 평생교육7

20. ①

학교와 교사는 성취기준에 근거하여 교수·학습과 평가 활동이 일관성 있게 이루어지도록 한다.
학교는 교과목별 성취기준과 평가기준에 따라 성취수준을 설정하여 교수·학습 및 평가 계획에 반영한다.
개별 학생의 발달 수준 및 특성을 고려하여 평가 계획을 조정할 수 있으며, 특수학급 및 일반학급에 재학하고 있는 특수교육 대상 학생을 위해 필요한 경우 평가 방법을 조정할 수 있다.

지방직 모의고사 11회

1	④	2	④	3	③	4	④	5	①
6	③	7	①	8	④	9	②	10	③
11	①	12	③	13	③	14	②	15	②
16	②	17	④	18	②	19	①	20	④

1. ④

애플의 잠재적 교육과정에 대한 논의는 앞에서 살펴 본 보울즈와 긴티스의 논의와 세 가지 점에서 차이를 보인다. 첫째, 애플은 학교의 잠재적 교육과정을 경제적인 측면에서만이 아니라 문화적이고 이데올로기적인 측면에서도 분석하고 있다. 둘째, 애플은 학교의 일상적인 생활 영역에서뿐만 아니라 공식적인 교육과정 영역에서도 잠재적 교육과정을 분석하고 있다. 셋째, 애플은 잠재적 교육과정을 숙명적으로 받아들여야만하는 것으로 보기보다는 헤게모니 투쟁을 통해 잠재적 교육과정을 적극적으로 극복하기 위해 노력할 필요가 있다는 관점을 제시하고 있다.

2. ④ 단권화 19

④ 개방된 접근의 '상호작용적 교육과정 개발모형'
• 학교중심 교육과정의 개념
1) 학교의 현실이나 지역적 특수성을 고려하지 않고 대규모의 교육과정에 대한 반작용으로 나타났다.
2) 교육과정 개발은 학교 현실이나 상황에 기초하여 이루어진다.
3) 각 학교의 특성을 고려한 교육과정 개발이 용이하다.
4) 교육과정 개발의 과정은 지속적이고 역동적인 성격을 지닌다.

3. ③ 포켓북 교육심리6

① 프로이트는 인간의 정신구조에서 무의식의 흐름을 중시한 정신분석이론, 에릭슨은 의식의 흐름을 중시한 심리사회이론을 주장하였다.
② 발달 이론에 있어 프로이트는 성적 발달 측면에, 에릭슨은 자아의 기능에 중점을 두었다.
③ 프로이트는 성격발달의 단계를 병리학적 입장에 두었는데, 에릭슨은 발달적 위기의 성공적 해결에 초점을 두었다.
④ 에릭슨은 Freud의 이론을 사회·환경적 상황과 연계하여 확대하였다.
⑤ 인생 주기 단계에서 심리사회적 위기가 우세하게 출현 하는 최적의 시기는 개인에 따라 차이가 있지만, 그것이 출현하는 순서는 불변한다고 가정한다.
⑥ 청소년기에는 이전 단계에서의 발달적 위기가 반복하여 나타난다고 본다.
⑦ 심리적 유예기는 정체감 형성을 위해 대안적인 탐색을 계속 진행하는 시기이다.

4. ④ 포켓북 교육심리12

④ 조작적 조건화는 행동의 결과에 따라 이후 행동의 변화가 일어난다고 설명한다.

5. ① 포켓북 교육심리 1

발달 과업[developmental task] 개인이 환경에 적응하기 위해 인간 발달의 각 단계마다 반드시 성취해야 할 과업이다.
Piaget는 인지구조의 차이를 근거로, Freud는 성적에너지(libi-do)의 발달과정을 근거로, Erikson은 심리사회적 위기에 따라 발달단계를 구분하고 있다.

6. ③ 단권화 77 교수학습

A	S	S	U	R	E
• (Analyze Learners) • 학습자 분석	• (State Objectives) • 목표진술	• (Select Methods, Media and Materials) • 방법, 매체 및 자료선정	• (Utilize Media and Materials) • 매체와 자료 활용	• (Require Learner Participation) • 학습자 참여 유도	• (Evaluate and Revise) • 평가와 수정

7. ① 단권화 68, 교수학습

• 구성주의 교수방법
① 실제 환경에서 직면하게 되는 문제를 학습과제로 제시하여 학습한 내용과 실제 세계를 연결하도록 한다.
② 학생 스스로 사고과정을 통해 문제를 해결하도록 촉진한다.
③ 협동학습을 통해 학생이 생각을 능동적으로 발전시키도록 돕는다.

8. ④ 단권화 81 교육평가

절대평가는 목표지향적 평가로 한 학생의 성적이 그가 속한 집단의 검사결과와는 상관없이 주어진 교수목표를 어느 정도 달성했느냐 하는 교수목표 달성도에 의해 성적을 표현하는 방법으로 ④와 관련된다. ①, ②, ③은 상대평가와 관련된다.

9. ② 단권화 48 진로상담

1. 사회성 측정법 : 모레노(J. Moreno)
① 집단 내에서 개인의 선택, 선호도를 분석하는 방법
② 학급에서 집단따돌림이 발생하고 있는가를 알아보는 데 유용한 방법
③ 한 집단 내에서 개인의 사회적 위치 또는 비형식적 집단의 구조를 파악하고 개인이 동료들에 의해서 어떻게 지 각되고 받아들여지는지 평가하는데 매우 효과적으로 사용할 수 있다.

10. ③ 단권화 110 교육행정

학교의 교육적 책무성이 낮아 책무성을 높이려는 방안으로 교장 공모제가 있다.

11. ① 단권화 116 교육행정

이전의 상태보다 다소 향상된 대안을 추구하는 모형은 린드블룸(Lindblom)의 점증모형이다.

12. ③ 단권화 216 교육법

교육공무원법상 임용권자가 교육공무원 본인의 의사와 관계없이 휴직을 명하여야 하는 경우 : 신체상·정신상의 장애로 장기요양이 필요할 때

13. ③ 포켓북 교육재정6

• 기획예산제도(Planning Programming Budgeting System)

① 합리적인 조직목표를 설정하고 이를 성취하기 위한 계획과 행동과정 그리고 자원배분을 과학적으로 수립하고 설계함으로써 조직목표를 효율적으로 달성하려는 제도다.

② 프로그램을 통하여 장기적인 계획수립과 단기적인 예산편성을 유기적으로 결합시킴으로써 정부의 자원을 합리적 과학적으로 배분하려는 제도다.

③ 이 제도는 여러 가지 대안을 서로 비교하여 가장 효율적인 대안을 선택하고 그에 상응하는 예산을 결정함으로써 예산 지출의 효율성을 향상시킬 수 있는 반면,

④ 지나치게 강조함으로써 정치적 과정을 소홀히 할 수 있다는 단점이 있다.

14. ②

역기능(갈등론적)입장에서 교육받은 사람들은 교육을 통해 순응하는 사고를 배운다고 본다.

15. ② 포켓북 교육사회8

문화적 생산 개념은 피지배집단에 의해 지배문화에 대항하는 문화가 형성되는 것을 의미한다.

16. ② 단권화 155

현대사회를 비판하되 그 책임을 개인보다 사회에 돌린다.(본질적으로 구조적인 분석)

• 비판이론의 특징

1) 교과지식의 획득보다는 사회의 구조적 문제해결에 더 관심을 둔다.

2) 교육문제에 대해 좀 더 실제적이고 정치사회적인 관점을 취한다.

3) 교육이 처해 있는 사회 구조나 제도에 대해 의문을 제기한다.

4) 교육을 교육의 논리가 아니라 정치·경제·사회의 논리에 의해 해석하는 경향이 있다.

17. ④ 포켓북 서양교육사10

자신의 심성(心性)에 맞는 문화를 이룩하려고 한 것이 낭만주의 정신의 본질이다.

① 로크 전통의 이성주의 입장

② 루소의 입장

③ 독일의 범애파(혹은 박애주의)

18. ② 단권화 202

소학 [小學]은 유교의 도덕적이고 실천적인 배움의 내용을 강조하는 수신서로서, 성리학에 뜻을 둔 유생뿐만 아니라 민간에까지 널리 읽혀져 조선시대 전반에 걸쳐 충효사상을 중심으로 한 유교 윤리관을 널리 일으키는 데 크게 기여하였다.

19. ① 단권화 229 평생교육법

① 「초·중등교육법」및 「고등교육법」에 따른 각급학교의 장은 평생교육을 실시하는 경우 평생교육의 이념에 따라 교육과정과 방법을 수요자 관점으로 개발·시행하도록 하며, 학교를 중심으로 공동체 및 지역문화 개발에 노력하여야 한다.

20. ④

2. 상담의 3가지 구성요소

① 상담자 : 내담자를 돕기 위해 전문전인 훈련을 받은 사람

② 내담자 : 자신의 행복한 삶을 영위할 수 있는 잠재력과 능력을 가지고 태어나지만 주변 환경과의 상호작용 과정에서 겪게 되는 여러 가지 심리적 좌절을 극복하지 못한 사람

③ 해결문제

지방직 모의고사 12회

1	③	2	①	3	③	4	③	5	①
6	③	7	④	8	④	9	①	10	③
11	①	12	④	13	②	14	②	15	③
16	④	17	④	18	③	19	③	20	③

1. ③ 포켓북 교육과정13

재개념주의는 비판적 교육 과정론의 입장으로 교과과정으로 선정되는 지식의 객관성과 보편타당성에 대해 비판적 시각으로 교육내용의 이데올로기적 성격이나 쟁점을 드러내는 데 관심이 있다.

2. ① 교육과정

• 설명 : 무엇이 어떻게 작용하는지, 어떤 일이 왜 일어났는지 말하거나 보여주는 것이다. ex)배운 것을 설명하시오. 친구에게 핵심주제를 설명하시오.

• 해석 : Big idea를 새롭게 조명하는 것이다. ex)핵심개념과 관련되는 개인적 경험을 제시하시오.

• 적용 : 새로운 문제를 해결하거나 새로운 상황에 Big idea를 적

용하는 것이다. ex)새로운 상황에 배운 것을 응용하여 문제를 해결하시오.

- 관점 : Big idea를 다른 관점에서 논리적으로 검토하고 비평함으로써 객관성을 보여주는 것이다. ex)주제에 대하여 다른 관점에서 설명하고 비평하시오.
- 공감 : 공감은 타인의 감정과 생각을 수용하는 능력을 말한다. ex)여러분이 그 친구의 입장이라면 어떻게 느끼는가?
- 자기지식 : 자신의 학습방식을 반성하는 것이다. ex)나의 어떤 편견이 문제해결에 방해되는가?

3. ③ 포켓북 교육심리 20

스턴버그의 삼원지능이론(triarchic theory of intelligence)에서 지능을 분석적지능, 창의적지능, 실제적지능으로 보았다.

- 길포드 : ① 지능을 내용, 산출, 조작(operation)의 세 차원으로 구성으로 보았다.
- 가드너 : ② 8개의 독립적인 지능이 존재하며, 각각의 지능의 가치는 문화나 시대에 따라 달라진다.

4. ③ 포켓북 교육심리12

정해진 반응 횟수(5개의 수학문제-한 번의 강화물)에 따라 강화물이 제시되는 것은 고정비율 강화계획(fixed ratio schedules)에 해당한다.

5. ① 포켓북 진로상담8

①낙인 이론에서 낙인은 추측-정교화-고정화 순서로 이루어진다.

6. ③

1) 적성-처치 상호작용의 개념

- 적성-처치 상호작용(aptitude-treatment interaction; ATI)이란 용어는 Cronbach 교수가 개인차와 학업성취를 통합하려는 접근을 시도하면서 시작되었다. Cronbach과 Snow(1977)는 ATI의 방법론적·개념적 기초를 제시하면서 ATI의 이론적 틀을 만들었다. 엄격하게 말하면, ATI는 대안적인 적성들(속성이나 특성들)과 대안적 교수방법들 간의 상호작용을 탐색하는 연구방법이다.
- ATI 접근은 학습자들은 교육적으로 의미있는 개인차를 가지고 있다는 전제하에서 출발한다.

  우리는 이런 차이를 학습적성이라 부른다. 학습적성이란 "주어진 교수처치 하에서 성공의 가능성을 예언해주는 학습자의 개인적 특성"이라고 정의될 수 있다(Cronbach & Snow, 1977). ATI접근은 적성이 다른 학습자들은 그들에게 가장 적합한 교수방법이 있을 것이라는 제안을 한다. 이를테면 사전 학업성취가 낮은 학습자는 하나의 특정 교수방법에서 학습을 잘 할 것이고, 사전 학업성취가 높은 학습자는 다른 교수방법에서 잘 할 것이

라는 가정을 하고 있다.

여기서 말하는 적성이란 심리적 변인들인 지능, 사전지식, 성격, 인지양식 등과 같은 것을 가리키는 것이고, 처치란 교수방법의 구조적인 특성이나 제시방법 등을 말하며 때로는 교사가 수업에서 하는 교수적 지원의 정도를 말하기도 한다.

7. ④ 포켓북 교수학습17

3) PBL의 구성 요소 4가지 : 학습자, 교사, 문제, 학습자원

① 학습자 : 문제중심학습에서 학습자들은 소그룹 활동을 통해 문제를 해결함으로써 학습목표에 도달한다. 학습자들은 자신의 학습행동에 책임을 져야 하므로 자기주도적으로 행동한다.

② 교사 : 학습과정에 정보를 제시해 주거나 받아쓰게 하는 지시자가 아니라 그룹의 학습과정을 촉진하는 촉진자로서의 역할을 한다.

③ 문제 : 비구조적인 문제를 창안해 낼 때 주의할 사항으로는 실제 생활과 밀접한 관련이 있어야 하고, 학습자의 사고를 촉진시킬 수 있는 문제이어야 한다.

④ 학습자원 : 기존 수업에서는 교육자원인 주요 정보와 이론적 근거가 교사의 강의에서 제시되며 책과 정기간행 학술지 논문 등은 보충적인 역할을 한다. 그러니 문제중심학습에서는 학습자가 교재, 저널, 인터넷, 비디오, 교사, 친구 등의 가능한 많고 다양한 자원을 지식의 습득에 활용한다.

8. ④ 교육평가 단권화 92

피험자의 능력에 따라 문항의 답을 맞출 확률을 나타내는 곡선을 '문항특성곡선'이라 한다. 문항특성곡선에서 문항의 특성과 피험자의 능력은 불변하는 고유한 속성을 지니고 있어 피험자의 능력을 가장 잘 파악할 수 있다.

9. ① 단권화 83, 84 교육평가

진단평가는 교육활동에 있어서 교사가 효과적인 학습지도를 하기 위하여 교수의 활동이 시작되는 초기 상태에서 교수전략을 위한 기초자료를 얻고 어떠한 교수방법, 학습방법이 적절한 것인가를 결정하기 위하여 학생의 기초능력 전반을 진단하는 평가 즉, 선수학습 능력의 진단이다. (가)에서 학습 진전에 관한 피드백의 제공은 형성평가와 관련된다.

10. ③ 단권화 119 교육행정

마이크로 티칭에 해당하며 임상장학은 '관찰 전 계획 → 수업관찰 및 협의회 → 수업 관찰 후 평가' 라는 순환적인 단계로 이루어진 체계적인 과정이라고 할 수 있다.

11. ① 단권화 112 교육행정

앨더퍼(C. P. Elderfer)는 존재(E) 관계(R), 성장(G)이론을 주장하

였다.

12. ④ 포켓북 교육법 16

제8조(학교안전교육의 실시) ① 학교장은 학교안전사고를 예방하기 위하여 교육부령으로 정하는 바에 따라 학생·교직원 및 교육활동참여자에게 학교안전사고 예방 등에 관한 다음 각 호의 교육(이하 "안전교육"이라 한다)을 실시하고 그 결과를 학기별로 교육감에게 보고하여야 한다.<개정 2008. 2. 29., 2013. 3. 23., 2015. 1. 20., 2016. 2. 3., 2021. 3. 23.>

1. 「아동복지법」 제31조에 따른 교통안전교육, 감염병 및 약물의 오남용 예방 등 보건위생관리교육 및 재난대비 안전교육
2. 「학교폭력 예방 및 대책에 관한 법률」 제15조에 따른 학교폭력 예방교육
3. 「성폭력방지 및 피해자보호 등에 관한 법률」 제5조에 따른 성폭력 예방에 필요한 교육
4. 「성매매방지 및 피해자보호 등에 관한 법률」 제5조에 따른 성매매 예방교육
5. 「초·중등교육법」 제23조에 따른 교육과정이 체험중심 교육활동으로 운영되는 경우 이에 관한 안전사고 예방교육
6. 그 밖에 안전사고 관련 법률에 따른 안전교육

② 삭제<2015. 1. 20.>

③ 교육부장관 및 교육감은 다음 각 호의 사항이 포함된 안전교육에 필요한 교재와 프로그램을 개발·보급하고, 학교장의 요청이 있는 경우 교육부령으로 정하는 안전교육을 담당할 강사를 알선하는 등 안전교육에 필요한 지원을 하여야 한다.<개정 2008. 2. 29., 2013. 3. 23., 2015. 1. 20.>

1. 안전사고 예방 및 대책에 관한 사항
2. 재난대비 훈련 및 안전에 관한 사항
3. 그 밖에 교육부장관이 필요하다고 인정하는 사항

④ 학교장은 필요에 따라 안전교육을 이론교육과 실습교육으로 병행하여 실시하되, 안전교육을 효율적으로 실시하기 위하여 교원 또는 교육활동참여자로 하여금 담당하게 하거나 교육부령으로 정하는 바에 따라 전문교육기관·단체 또는 전문가에 위탁하여 실시할 수 있다.

13. ② 포켓북 교육재정2

② 교육부장관은 시·도의 교육행정기관의 장이 제3항의 규정에 의한 조건이나 용도를 위반하여 특별교부금을 사용하거나 2년 이상 사용하지 아니하는 경우에는 그 반환을 명하거나 다음에 교부할 특별교부금에서 이를 감액할 수 있다.

① 기준재정수요액의 산정 방법으로 포착이 가능하지 않은 교육현안수요가 있을 때 교부한다.

③ 기준재정수입액이 기준재정수요액에 미치지 못하는 지방자치단체에 대해서는 그 부족한 금액을 기준으로 하여 보통교부금을 총액으로 교부한다.

④ 시·도의 교육행정기관의 장은 제3항의 규정에 의한 조건이나 용도를 변경하여 특별교부금을 사용하고자 하는 때에는 미리 교육부장관의 승인을 얻어야 한다.

14. ② 포켓북 교육사회9

일리치는 학교 교육을 통한 성공의 신화를 깨기 위하여 학교교육을 해체하여야 한다고 주장한다.

15. ③ 포켓북 교육사회 11

ㄴ. 해석학적 접근에 의하면 모든 현상은 각자의 가치에 따라 다르게 이해할 수 있기 때문에 사회 현상에 대하여 주관적인 이해를 추구한다.

16. ④ 단권화 163, 교육철학

아레테는 도덕적인 측면만이 아니라 인간활동의 전반적인 것을 나타낸다.

17. ④ 포켓북 교육과정3

홀리스틱(Holistic)이란 심신상관 학설로 육체와 정신을 통일적으로 보는 것을 말한다. 〈보기〉의 내용은 '조화'를 강조한 것으로 홀리스틱 교육에 대한 설명이다.

18. ③ 단권화 201 한국교육사

위기지학(爲己之學)은 자신을 위한 공부라는 뜻으로 자신을 위한 학문이란 남에게 보이기 위해서 혹은 자신의 부귀영화를 위해서 공부하는 것이 아니라 자신의 마음을 공부의 대상으로 삼는 것을 말한다. 따라서 위기지학은 내재적 목적이며 교육은 수단이 아닌 그 자체의 준거를 목적으로 하며 자아성찰을 통한 인격완성이나 자아실현을 강조한다. 따라서 답은 ③이다. ④는 격물치지에 대한 내용이나 자연현상에 대한 과학적인 연구방법은 실학과 관련된다.

19. ③ 평생교육법

③ 전국평생학습도시협의회의 구성·운영에 필요한 사항은 대통령령으로 정한다.

20. ③ 포켓북 교육과정5

지루(H. Giroux)는 잠재적 교육과정에 대한 분석이 교육학의 발전에 기여하기 위해서는 숨겨진 교육의 결과를 단순히 서술하는 데에 그쳐서는 안 되고, 지배적인 헤게모니에 대한 비판을 전개하면서 대항 헤게모니를 형성할 필요가 있다고 주장하였다. 지루(Giroux,1983)에 의하면, 우리는 학교 밖의 권력과 학교에서 다루는 지식이 어떻게 관계맺고, 상호작용하며, 사회적 불평등을

재생산해 내는지를 파악할 필요가 있으며, 더 나아가 우리의 관심을 재생산의 구조로부터 문화적 중재와 사회적 행위자로 옮김으로써 잠재적 교육과정에 관한 논의가 교육 및 사회 변화에 기여할 수 있는 방향으로 나아가야 함을 강조하였다.

요컨대, 애플과 지루에 의하면 우리가 학교 교육의 잠재적 교육과정을 폭넓고 깊이 있게 이해할 때 우리는 학교에서 재생산 이데올로기의 작용을 중단시키고, 보다 민주적이고 정의로운 사회를 건설할 수 있는 가능성을 지니게 된다고 보았다.

지방직 모의고사 13회

1	①	2	④	3	③	4	②	5	②
6	③	7	①	8	①	9	①	10	④
11	④	12	③	13	②	14	④	15	③
16	②	17	④	18	②	19	①	20	②

1. ① 포켓북 교육과정5

무시를 산술하는 '실제로 존재하지 않는 교육과정'을 아이즈너는 영 교육과정이라고 개념화하였다. 아이즈너가 최초로 사용한 '영 교육과정'이라는 말의 의미를 좀 더 알기 쉽게 설명하면 다음과 같다. 영 교육과정은 ① 학교가 설정한 교육목표에 부합하고(조건 1) ② 학습자에게 가르칠 만한 가치가 있는 내용(조건 2)인데도 불구하고 ③ 학교가 가르치지 않아 학습자가 배울 기회를 갖지 못하는 것(조건 3)을 뜻한다.

2. ④ 교육과정 단권화 21

교육과정 왜곡이 일어나지 않도록 설계의 각 측면이나 단계에 골고루 비중을 두는 것은 연계성이다.

3. ③ 포켓북 교육심리18

학습된 무기력은 혐오자극에 계속하여 노출되면서 극복을 위한 시도나 노력이 효과가 없다고 느끼고, 그러한 무력감으로 인해 아무런 대응도 하지 않게 되는 현상을 의미한다. 이는 1967년 미국의 심리학자 마틴 셀리그만(Martin Seligman) 등의 연구를 통해 제안되었다.

4. ② 포켓북 교육심리9

① 길리건은 「다른 목소리로(In a Different Voice)」라는 저서에서 서양의 기존 윤리관을 남성중심의 성차별적 윤리관으로 규정하고 이에 대한 대안으로서 배려의 윤리를 주장하였다.

② Gilligan은 Kohlberg의 도덕성 발달이론이 추상적인 도덕원리를 강조하며, 백인 남성과 소년만을 대상으로 도덕성 발달

단계를 설정한 것에 대해 비판하였다.

③ 남성은 추상적 판단에 기초한 정의관점으로 도덕적 판단을 하고, 여성은 인간관계와 타인을 돌보는 것을 기초로 하는 배려와 책임감을 중심으로 판단한다.

5. ② 포켓북 진로상담7

① 로우

③ 수퍼이론

④ 블로(P. Blau)의 이론에 따르면 가정, 학교, 지역 사회 등의 사회적 요인이 직업 선택에 큰 영향을 미친다.

6. ③ 포켓북 교수학습6, 7

분석결과에 따라 하위기능을 먼저 가르치고, 그 다음 관련된 상위목표를 달성하도록 수업순서를 정한다.

7. ① 교수학습

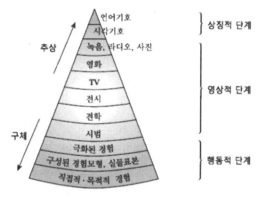

8. ① 단권화 87 연구방법

주어진 보기의 내용은 한 집단의 점수분포를 하나의 값으로 요약·기술해주는 지수 즉, 한 분포에 들어 있는 여러 수치를 대표하는 수치로 집중경향치 또는 대표치라고 한다. 집중경향치에는 최빈치(Mo : 여러 사례들 중에서 가장 많이 나타나는 수치), 중앙치(Mdn : 여러 사례들을 순서상으로 나열했을 때 중앙에 오는 수치), 평균치(M : 한 집단에 속하는 모든 점수의 합을 이 집단의 사례수로 나눈 값) 등이 있다.

② 빈도분포 :

③ 비율척도(ratio scale) : 절대 영점과 가상적 단위를 지니고 있으며 측정단위의 간격 간에 동간성이 유지되는 척도이 다. 예를 들면, 키, 몸무게, 나이 등을 들 수 있다.

④ 동간척도(interval scale) 점수의 단위들이 척도상의 모든 위치에서 동일한 값을 갖는 척도이다. 분류, 서열, 동간성 의 특성을 갖는다. 즉, 이 척도는 분류와 순위에 관한 측정을 할 수 있는 서열척도의 특징에 측정단위가 동간격이 라는 조건을 만족해야 한다. 이 척도는 비율특성, 즉 절대 영점이 없다. 예

를 들면, 어느 학습자의 수학 성취도 검 사점수가 영점이라고 해서 수학 실력이 전혀 없다고 말할 수는 없다.

9. ① 교육평가 단권화 80

95점은 36(표준편차)에 해당된다. ±36는 전체 사례의 99.74%에 해당된다. 따라서 95점 이상 맞은 학생은 0.26%의 반인 0.13%에 해당된다.

10. ④ 교육행정

보기의 내용은 계층제의 원리를 전제로 한 명령통일의 원리를 설명한 것이다.

11. ④ 교육행정 단권화 105

주어진 보기의 내용은 메이요(E. J. Mayo)와 뢰스리스버거(F. J. Roethlisberger)에 의해 체계화된 '호손공장실험'과 관련된다. 호손공장실험의 결과로는 '물리적인 작업 조건보다 심리적인 작업 조건 중시, 공식적 조직내에서의 비공식적 조직의 중요성 발견, 생산관계 조직은 인간관계조직에 의존, 생산량에 증대는 사회심리학적 욕구 충족을 통한 안정감과 만족감을 갖게하는 것이 중요하다는 것' 등이 있다. 이러한 것은 결국 자생집단 중시, 민족적 지도성 중시, 의사소통 중시, 각종인사제도 창안 등과 같은 행정에 영향을 주었다. 따라서 답은 ④이다. ①, ②, ③은 과학적 관리론과 관련된다.

12. ③

1) 초·중등교육법
- 제18조의5(보호자의 의무 등)
  ③ 보호자는 교육활동의 범위에서 교원과 학교의 전문적인 판단을 존중하고 교육활동이 원활히 이루어질 수 있도록 적극 협력하여야 한다.[본조신설 2023.9.27.]
- 제20조(교직원의 임무)
  ① 교장은 교무를 총괄하고, 민원처리를 책임지며, 소속 교직원을 지도·감독하고, 학생을 교육한다.
  ② 교감은 교장을 보좌하여 교무를 관리하고 학생을 교육하며, 교장이 부득이한 사유로 직무를 수행할 수 없을 때에는 교장의 직무를 대행한다. 다만, 교감이 없는 학교에서는 교장이 미리 지명한 교사(수석교사를 포함한다)가 교장의 직무를 대행한다.
  ③ 수석교사는 교사의 교수·연구 활동을 지원하며, 학생을 교육한다.
  ④ 교사는 법령에서 정하는 바에 따라 학생을 교육한다.
  ⑤ 행정직원 등 직원은 법령에서 정하는 바에 따라 학교의 행정사무와 그 밖의 사무를 담당한다.

13. ② 단권화 224 (7회) 교육재정

② 기준재정수요액을 산정하기 위한 각 측정단위의 단위당 금액을 단위비용이라한다.

14. ④ 단권화 128 교육사회

프레이리는 학교를 지배계급을 위한 교육을 실시하는 기관에 불과하다고 보았다. 이를 극복하기 위해 프레이리는 억압받는 민중들이 그들 자신의 삶을 반성하고 사회 현실을 올바르게 인식할 수 있는 '의식화 교육'을 강조하였다. 구체적으로 그는 교사와 학생의 수평적 관계 속에서 사회 현실에 대한 올바른 이해와 성찰적 사고를 통해 비판적사고를 형성하게 하는 문제제기식교육(problem-posing education)을 제안하였다.

15. ③ 포켓북 서양교육사16

듀이(Dewey)는 '반성적 사고과정'을 통해 문제를 해결하려고 노력하였다. '반성적 사고과정'은 '제안 → 문제 인지 → 가설 설정 → 추리작업 → 가설의 검증 등의 순이다. 따라서 답은 ③이다.

16. ② 단권화 160 서양교육사

1) 소크라테스 교육사상
① 산파법 : 교사가 이미 알고 있는 정답을 미리 알려주지 않고 학생 스스로 그 답을 찾도록 안내하는 대화 기법
② 그는 특별한 교육소재를 제자들에게 단순히 전달하지 않고 자연스러운 일상적 만남에서 오랜 동안의 대화를 통해 제자들이 스스로 답을 구하는 과정을 중시하였다.
③ 메논의 학습의 불가능성에 대해 소크라테스는 회상(anamnesis)에 의한 학습으로 반박
④ 흔히 회상론(回想論) 혹은 상기론(想起論)은 앞서 언급한 오르페우스교에 등장하는 영혼의 불멸과 윤회를 반영
⑤ 소크라테스는 메논이 부리고 있는 '완전히 무지한 노예'에게 일종의 학습실험을 하면서 노예 스스로 답을 찾아갈 수 있음을 보여준다.

17. ④ 단권화 185 한국교육사

2) 국학과정
① 입학자격 : 대사(大舍) 이하의 위품으로부터 직위가 없는 자에 이르기까지 15~30세
② 수학기간 : 9년 한도, 재간과 도량에 따라 조절
③ 교관 : 박사와 조교
④ 필수 과목 : 『논어』와 『효경』

18. ② 단권화 210, 한국교육사

- 제2차 「조선교육령(1922~1938): 1919년 3·1운동 이후 개정, 반일감정에 대한 회유책

① '문화정치'를 표방하여, 형식상으로는 일본 학제와 동일하게 융화정책을 사용하였다.

② 그러나 이면에 숨겨진 교육정책은 동일한 교육제도와 교육기간을 확충함으로써 일본식 교육을 강화하여 우리 민족의 사상을 일본화 또는 말살하려는 데 있었다.

③ 대학 설립에 관한 조항을 두었다.

④ 종래 4년이던 보통학교의 수업연한을 6년으로 연장하고, 각급 학교의 교과목 중 종래에는 폐지되었던 국어를 필수 과목으로 하였다.

⑤ 제2차 「조선교육령 시기에 조선인의 보통학교 재학생 수는 증가하였다.

19. ① 단권화 233 평생교육

• 순환교육 : OECD

① 전통적인 관점에서 순환교육은 일을 하다가 필요에 의하여 평생교육에 참여하게 되는 현상에 초점을 두었다.

② OECD에서 1973년 『순환교육 : 평생학습의전략(Recurrent education: A strategy for lifelong learning)』을 출간하면서 개념적 논의와 실천 방법에 대한 담론이 확장되었다.

③ 1970년대의 순환교육은 교육이 양적 팽창과 이에 대한 비판적 목소리가 공존하던 시기에 평생교육의 또 다른 표 현이었다.

④ 교육은 개인의 전 생애 동안 순환적인 방법으로 배분되며 사적 영역에서 이루어지고 있는 직무교육을 포함한다.

⑤ 교육과 일, 자발적 비고용 기간, 은퇴가 서로 교차할 수 있다.

⑥ 학습휴가제와 같이 혁신적인 방안을 함께 제시하면서 순환교육은 고등교육과 직업교육 그리고 평생교육을 연결 하는 개념으로서 각광을 받았다.

⑦ 모든 형태의 학습이나 교육이 모든 연령 계층에게 필요하고 그로 인하여 수시로 일과 학습이 번갈아가며 이루어 지는 현상을 설명하는 개념으로 활용될 수 있다.

20. ② 평생교육법

제24조(평생교육사) ① 교육부장관은 평생교육 전문인력을 양성하기 위하여 다음 각 호의 어느 하나에 해당하는 사람에게 평생교육사의 자격을 부여하며, 자격을 부여받은 사람에게는 자격증을 발급하여야 한다.

1. 「고등교육법」 제2조에 따른 학교(이하 "대학"이라 한다) 또는 이와 같은 수준 이상의 학력이 있다고 인정되는 기관에서 교육부령으로 정하는 평생교육 관련 교과목을 일정 학점 이상 이수하고 학위를 취득한 사람

2. 「학점인정 등에 관한 법률」 제3조제1항에 따라 평가인정을 받은 학습과정을 운영하는 교육훈련기관(이하"학점은행기관"이라 한다)에서 교육부령으로 정하는 평생교육 관련 교과목을 일정 학점 이상 이수하고 학위를 취득한 사람

지방직 모의고사 14회

1	①	2	④	3	②	4	③	5	②
6	③	7	③	8	①	9	③	10	①
11	④	12	②	13	②	14	②	15	②
16	④	17	④	18	④	19	④	20	④

1. ① 포켓북 교육과정6

타일러(R. Tyler)의 목표중심 교육과정 개발모형은 목표 - 학습경의 선정-평가 순으로 이어진다.

2. ④ 단권화 20 교육과정

3. ② 포켓북 교육심리8

타인에 대한 이해란 곧 사회인지의 발달을 의미한다. 사회인지란 사회관계 를 인지하는 것으로 타인의 사고와 의도, 정서를 생각할 수 있는 사회적 조망수용능력을 의미한다. 사회적 조망 수용 능력은 가정환경, 사회적 상황 등의 영향을 받으면서 발달하므로 나이에 상관없이 발달이 이루어질 수 있으 며 청소년이나 성인도 (0단계나 1단계에 머무를 수 있다.

(1) 0단계 : 자기중심적 관점수용단계(3~6세)-타인을 자기중심적으로 보기 때문에 타인이 자신과 다른 관점 (생각, 느낌)을 가지고 있다는 것을 전혀 이해하지 못한다.

(2) 1단계 : 주관적 조망수용단계(6~8세) 동일한 상황에 대한 타인의 조망이 자신의 조망과 다를 수 있다는 것까지는 이해하지만 아직도 자기의 입장에서 이해하려고 한다.

(3) 2단계 : 자기반성적 조망수용단계(8~10세) 타인의 조망을 고려할 수도 있고 타인도 자기의 조망을 고려할 수 있다는 것을 인식한다.

(4) 3단계 : 상호적 조망수용단계(10~12세) 동시 상호적으로 자기의 타인의 조망을 각각 이해할 수 있다.

(5) 4단계 : 사회적 조망수용단계(12~15세) 동일한 상황에 대해 다른 생각을 한다고 해서 그 조망이 틀렸다고 인식하지 않으며, 자신이 다른 사람의 조망을 완전하게 이해하지 못한다는 것을 인식한다.

4. ③ 포켓북 교육심리11

Skinner의 조작적 조건 형성이론에서는 유기체의 의도적(자발적 행동과 이에 따르는 강화가 행동변화의 핵심적 변수보상(칭찬)에 의해서 행동변화가 일어난다고 본다.

5. ② 포켓북 교육심리 4

아들러는 열등감, 생활양식을 강조하였다.

6. ③ 포켓북 교수학습13

그렇지 않으면 무임 승객이 발생하기 때문이다.

7. ③ 포켓북 교수학습8-1

교수목표설정 → 교수분석 → 학습자 및 상환 분석 → 수행목표 진술 → 평가도구 개발 → 교수전략개발 → 교수자료개발 → 형성평가 → 수정 → 총괄평가

8. ① 포켓북 교육평가1

교과에서 설정한 학습목표는 준거 참조 평가이다.

9. ③ 포켓북 교육평가10, 11, 12

① 준제관련)타당도는 준거가 미래냐 현재냐에 따라 예언 타당도와 공인(공업)타당도는 내용타당도와 관련된다.

※ 예언타당도와 공인타당도는 실제 자료를 경험적으로 수집하여 통계적 당도 또는 통계적 타당도라고도 부른다.

10. ① 포켓북 교육행정10, 11

• Porter와 Lawler의 성취 - 만족이론

① 노력(effect)은 업무과정에서 발휘되는 조직구성원의 에너지를 의미한다. 노력의 크기와 양은 보상의 가치 및 기대감에 따라 달라질 수 있다.

② 성과(performance)는 조직의 목적 달성을 위한 업무 실행정도로서, 구성원의 노력, 능력, 특성, 역할지각 등에 의해 결정된다. 아무리 노력을 해도 기본적인 능력이 안된다면 높은 업무실적을 기대할 수 없다는 것이다.

③ 보상(rewards)은 개인의 업무 성과에 부여되는 대가로서 내재적 보상과 외재적 보상으로 나눌 수 있다. 내재적 보상은 정서안정, 자아실현, 성장욕구 등이고, 외재적 보상은 보수, 승진, 지위, 안전 등의 조직적인 강화요인이다.

④ 만족감(satisfaction)은 보상에 대한 개인의 욕구충족의 정도를 말한다.

11. ④ 포켓북 교육행정20

학교컨설팅이란 학교교육을 개선하기 위해 일정한 전문성을 갖춘 사람들이 학교와 학교 구성원의 요청에 따라 제공하는 독립적인 자문 활동으로서 경영과 교육문제를 진단하고, 대안을 마련하며, 문제해결 과정을 지원하고, 교육 훈련을 실시하며, 문제해결에 필요한 인적·물적 자원을 발굴하여 조직화하는 일이다.

• 6가지 학교 컨설팅 원리 : 자발성, 전문성, 자문성, 한시성, 독립성, 학습성의 원리

12. ② 교육법

②는 세5소(교육의 사수성 능)의 내용이다.
①, ③, ④는 제4조(교육의 기회균등 등)의 내용이다.

13. ② 단권화 226 교육재정

③ 간접교육비, 공교육비, 공부담 교육비
④ 간접교육비, 공교육비, 사부담 교육비

총 교육비	직접 교육비	공교육비	공부담	국가와 지방공공단체
			사부담	입학금, 수업료, 학교운영지원비 등
		사교육비	사부담	과외비, 전문강습비, 학용품, 교재비, 교통비, 잡비
	간접 교육비	교육기회 경비	공부담	비영리 교육기관의 면세(조세감면)
			사부담	대학진학으로 취업 포기

14. ② 포켓북 교육사회14

1) 하그리브스(D. Hargreaves)는 교사의 역할과 관련하여 교사의 유형

① 사자길들이기형 : 대표적인 권위주의형으로, 학생들의 훈육을 중시하고 교사가 전달해 주는 지식을 그대로 학생들이 신속하게 받아들이기를 원한다.

② 연예가형 : 학생들이 원래 학습하기를 원하는 것은 아니지만 학습자료를 재미있게 하고 학습방법을 잘 적용하면 학생들은 흥미 있게 학습할 수 있다고 믿는 교사들이다. 따라서 이들은 발견학습과 같이 학생들이 스스로 학습할 수 있는 방법을 교사들이 강구할 것을 강조한다.

③ 낭만주의형 : 학생들은 천성적으로 학습의욕을 가지고 있지만 교사들의 잘못된 학습방법과 자료 때문에 학습의욕을 잃게 되는 것이라고 주장한다. 따라서 교사들은 학생들의 학습의욕을 존중하고 조장해야 하며, 학생들이 원하는 것을 학습할 수 있도록 해야 한다고 주장하는데 이는 아동중심주의의 견해와 같다.

15. ② 포켓북 교육철학1

자유교육이란 지식교육을 통한 합리적 마음의 계발을 강조하며 내재적 교육을 의미한다.

16. ④ 단권화 161, 162 서양교육사

플라톤의 교육관이다.

17. ④ 17번 포켓북 서양교육사10

신인문주의는 인간성의 새로운 탐구와 각성을 촉구하면서 인간 본성의 미적, 지적 차원의 조화로운 발달을 추구하였다.

계몽주의 교육사상가들이 채택한 교육방법의 원칙은 다음과 같다.

첫째, 교육은 합리적인 자연의 원리에 합당해야만 한다. 오늘날 발달심리학의 관점에서 보자면, 이는 '심리적 발달(development)은 생물학적 성숙(maturity)을 전제로 한다.'는 원칙과 관련이 있다. 즉 앞선 세대가 자라나는 아이들에게 행하는 교육적 개입이 자연적인 성숙에 앞서서는 안 된다는 말이다.

둘째, 실생활에 기초한 교육이다. 계몽주의자들은 교육의 목표를 구체적으로 사회적 분업에 따른 유용한 인간을 양성하는 데 둔다. 이는 18세기 계몽주의가 만끽하고 있던 당시 사회가 이미 자본주의적 발전에 따라 급속히 분화, 발전하고 있음을 반영한다. 셋째, 실물을 이용한 직관적 교육방법이다. 계몽주의는 자연과학적 사고를 교육적으로 철저히 활용하였다. 증거와 사실이 원칙이었던 셈이다. 이는 계몽주의가 17세기 리얼리즘의 교육사조의 계승자임을 확인해 준다.

18. ④ 단권화 194

입학자격은 과거 시험의 소과에 합격한 생원과 진사를 원칙으로 하였다.

19. ④ 단권화 233 평생교육

• 전환교육 : 메지로우(Mezirow, J.)
① 전환학습은 메지로우가 주창한 개념으로 지식을 습득, 축적하는 전통적 학습과는 달리 개인이 가진 많은 기본적 인 가치와 가정들이 학습을 통해 변화하는 하나의 과정을 의미한다.
② 전환학습을 통해 전환되는 것은 관점이다.
③ 메지로우는 전환학습의 과정을 비판적 성찰, 비판적 성찰에 의해 획득된 통찰력을 확인하기 위한 담론, 행동의 단계로 구분하고 있다.
④ 전환학습의 과정에서 필수적인 비판적 성찰은 자신의 경험의 원인이나 의미에 대해 의문을 갖는 데서 출발하여 개인의 경험을 이해하기 위한 주요 신념과 가정들을 검증해 가는 것이다.
⑤ 담론은 편견이나 오류, 개인적 관심사를 배제하고 개방적이고 객관적인 태도로 특정한 주장에 대한 논쟁과 증거 를 검토하는 과정이다.
⑥ 마지막으로 전환학습에서 습득한 결과를 행동으로 옮기는 것이다.

20. ④

문해 교육이 "단순히 글자 깨우치기를 넘어 기능 문해(functional literacy) 교육으로 확장되어야 한다."는 말은 일상생활에 필요한 기본 능력을 두루 갖추어 주는 교육을 의미한다.

지방직 모의고사 15회

1	①	2	①	3	②	4	③	5	③
6	④	7	④	8	③	9	①	10	③
11	②	12	④	13	①	14	④	15	④
16	④	17	①	18	④	19	②	20	①

1. ① 포켓북 교육과정12

교사중심의 교육과정 개발을 강조하였다.
외부에서 교과 전문가가 교육과정과 교과서를 개발하고 교사는 단지 실천만을 한다면 교육과정과 수업이 분리가 된다.
즉, 외부의 교과 전문가가 교육과정을 개발하기보다, 현장의 교사가 만들어야 한다고 생각하였다.

2. ① 단권화 21 교육과정

• 교육과정 실행 관점 세 가지(Synder, Bolin, & Zumwalt)
(1) 교육과정 생성 관점) : 교사는 창조자
    이 관점은 외부에서 개발 및 설계되고 만들어진 교육과정은 하나의 자료일 뿐이고 교육과정은 학생과 교사에 의해 만들어져야 한다는 것이다.
(2) 충실도 관점 : 교사는 사용자
    충실도 관점은 특히 중앙에서 개발한 교육과정의 취지와 의도가 학교 현장에서 충분히 구현되고 있는가를 보는 기준으로 작용한다.
(3) 상호적응 관점 : 교사는 조정자
    학교 밖에서 개발된 교육과정이 학교 현장에서 그대로 실행되는 것이 이니라 학교가 처한 상황 및 실행과정의 상항 등에 따라 실행하는 교사와의 상호 적응 및 조정의 과정을 거치게 된다고 보는 견해이다.

3. ② 단권화 33 교육심리, 포켓북 교육심리 10

조건자극(종소리)이후에 무조건자극(고기)을 제시하는 것이 효과적이다.

4. ③ 단권화 37 교육심리, 포켓북 교육심리 14

통찰은 여러 요인이 갑자기 완전한 형태로 재구성되는 것으로 비약적 사고를 말한다.

5. ③ 포켓북 진로상담1

① 학생조사활동 : 학생의 특성을 객관적, 과학적으로 파악 예 표준화 검사, 학업성취도 검사
② 정보활동 : 학생들의 환경 적응과 문제해결을 돕기 위해 각종 정보를 수집, 제공
③ 정치활동 : 학생들의 희망과 적성을 고려하여 적재적소에 배치
⑤ 추수활동 : 사후 활동, 생활지도를 받은 학생이 어느 정도 적응, 개선되었는지를 알아보고 계속 지도·점검·격려하는 활동

6. ④ 포켓북 교수학습3

완전학습은 모든 학습자가 학습목표에 도달하기 위한 학습으로 상대적 평가인 규준참조평가는 바람직하지 않다.

7. ④ 포켓북 교수학습21

① 원격교육은 우편물을 기반으로 등장하였다.
② 전통적인 면대면 교육에 비해 학습자들이 자기주도적으로 학습에 몰입하게 되므로 중도탈락률이 상대적으로 높다.
③ 다양한 기술적 매체들에 의존하여 자기조절학습능력의 필요성이 높다.

8. ③ 포켓북 교육평가12

채점기준표 즉 루브릭을 미리 제시해 주어야 한다.

9. ① 포켓북 교육평가11, 12

평가도구가 높은 타당도를 갖기 위해서는 평가도구의 신뢰도가 높아야 한다. 그러나 높은 신뢰도는 낮은 타당도와 높은 타당도 둘 다 해당할 수 있다.

10. ③

관련된 내용은 조직 문화와 관련된 내용으로 최근에는 위계적인 요소보다 조직의 신념, 가치를 변화시키려는 문화적 접근방법을 강조한다.
신념, 가치관, 규범을 강조하는 것은 문화이다.

11. ② 포켓북 교육행정14

문화적 지도성은 학교로 하여금 독특한 정체성을 갖게 만드는 가치와 믿음, 관점을 창조하고 강화·유지하는 것을 중요시한다.

12. ④ 교육법

법령상 공무원의 징계에는 파면, 해임, 정직, 감봉, 견책 등이 있다. 직위해제와 경고는 행정조치이다.

13. ① 단권화 225 초중등교육법

• 제30조의2(학교회계의 설치)
① 국립·공립의 초등학교·중학교·고등학교 및 특수학교에 각 학교별로 학교회계(學校會計)를 설치한다.
② 학교회계는 다음 각 호의 수입을 세입(歲入)으로 한다.
1. 국가의 일반회계나 지방자치단체의 교육비특별회계로부터 받은 전입금
2. 제32조제1항에 따라 학교운영위원회 심의를 거쳐 학부모가 부담하는 경비
3. 제33조의 학교발전기금으로부터 받은 전입금
4. 국가나 지방자치단체의 보조금 및 지원금
5. 사용료 및 수수료
6. 이월금
7. 물품매각대금
8. 그 밖의 수입

③ 학교회계는 학교 운영과 학교시설의 설치 등을 위하여 필요한 모든 경비를 세출(歲出)로 한다.
④ 학교회계는 예측할 수 없는 예산 외의 지출이나 예산초과지출에 충당하기 위하여 예비비로서 적절한 금액을 세출예산에 계상(計上)할 수 있다.
⑤ 학교회계의 설치에 필요한 사항은 국립학교의 경우에는 교육부령으로, 공립학교의 경우에는 시·도의 교육규칙으로 정한다.

• 제30조의3(학교회계의 운영)
① 학교회계의 회계연도는 매년 3월 1일에 시작하여 다음 해 2월 말일에 끝난다.
② 학교의 장은 회계연도마다 학교회계 세입세출예산안을 편성하여 회계연도가 시작되기 30일 전까지 제31조에 따른 학교운영위원회에 제출하여야 한다.
③ 학교운영위원회는 학교회계 세입세출예산안을 회계연도가 시작되기 5일 전까지 심의하여야 한다.
④ 학교의 장은 제3항에 따른 예산안이 새로운 회계연도가 시작될 때까지 확정되지 아니하면 다음 각 호의 경비를 전년도 예산에 준하여 집행할 수 있다. 이 경우 전년도 예산에 준하여 집행된 예산은 해당 연도의 예산이 확정되면 그 확정된 예산에 따라 집행된 것으로 본다.
1. 교직원 등의 인건비
2. 학교교육에 직접 사용되는 교육비
3. 학교시설의 유지관리비
4. 법령상 지급 의무가 있는 경비
5. 이미 예산으로 확정된 경비
⑤ 학교의 장은 회계연도마다 결산서를 작성하여 회계연도가 끝난 후 2개월 이내에 학교운영위원회에 제출하여야 한다.
⑥ 학교회계의 운영에 필요한 사항은 국립학교의 경우에는 교육부령으로, 공립학교의 경우에는 시·도의 교육규칙으로 정한다.

14. ④ 신유형

• 웹 3.0의 교육적 활용
① 웹 3.0은 현재까지 가장 진화된 지능형 맞춤형 웹 개념화한 용어로 진화해 가는 웹 기술의 발전 단계를 표현하기 위한 용어이다.
② 웹 2.0 환경에서 위키피디아, 블로그, 트위터, 페이스북, 유튜브 등을 활용하여 이용자들이 정보를 생산 및 업데이트, 공유, 소비할 수 있었다.
③ 그러나 소비자이자 생산자인 이용자들에 의해 구축된 방대하고 파편화된 자료로부터 필요한 자료를 추출하여 의미 있는 지식으로 창출하기 어렵다는 문제가 발생하였다.
④ 웹 3.0은 이러한 문제점을 극복하기 위해 컴퓨터가 인간과 같이 단어, 문장의 뜻을 이해하고 논리적으로 추론까지 할 수 있

도록 지능화된 시맨틱 기술을 적용한 환경이다. 시맨틱 기술은 웹 3.0의 특징을 형성하는 핵심이다.

⑤ 지능화된 웹은 빅데이터와 클라우드 컴퓨팅 기술을 활용하여 이용자 개개인의 이용 패턴, 필요, 상황에 대한 정보를 분석하여 이용자에게 맞춤화된 최적화된 정보를 제공할 수 있다.

⑥ 또한 웹 3.0 환경에서는 증강현실, 가상현실, 3D 등 현실감을 증가시킬 수 있는 인터페이스가 적용되고 있다.

15. ④

5) 종속이론 : 국가 간 불평등에 관심

① 교육과정이 국가간 지배-종속 관계를 재생산하는 주요 메커니즘으로 작용한다고 주장한다.

② 강대국의 약소국 지배는 군사력과 경제력뿐 아니라 문화를 통해서도 이루어진다는 점에 주목한다.

③ 카노이(Canoy)는 식민지의 교육이 어떻게 식민지 국민의 의식을 왜곡시켜 지배자들에게 발적으로 복종하게 만들었는지를 논의하였다.

④ 카노이(M. Carnoy)는 제3세계 국가의 교육팽창이 성공하지 못한 이유로 서구 자본주의국가의 문화적 지배를 들고 있다.

16. ② 평생교육법

제13조의2(학교의 장의 자체해결)

① 제13조제2항제4호 및 제5호에도 불구하고 다음 각 호에 모두 해당하는 경미한 학교폭력에 대하여 피해학생 및 그 보호자가 심의위원회의 개최를 원하지 아니하는 경우 학교의 장은 학교폭력사건을 자체적으로 해결할 수 있다. 이 경우 학교의 장은 지체 없이 이를 심의위원회에 보고하여야 한다.

　1. 2주 이상의 신체적·정신적 치료가 필요한 진단서를 발급받지 않은 경우

　2. 재산상 피해가 없는 경우 또는 재산상 피해가 즉각 복구되거나 복구 약속이 있는 경우

　3. 학교폭력이 지속적이지 않은 경우

　4. 학교폭력에 대한 신고, 진술, 자료제공 등에 대한 보복행위(정보통신망을 이용한 행위를 포함한다)가 아닌 경우

③ 학교의 장은 제1항에 따른 경미한 학교폭력에 대하여 피해학생 및 그 보호자가 심의위원회의 개최를 원하는 경우 피해학생과 가해학생 사이의 관계회복을 위한 프로그램(이하 "관계회복 프로그램"이라 한다)을 권유할 수 있다. <신설 2023. 10. 24.>

④ 국가 및 지방자치단체는 관계회복 프로그램의 개발·보급 및 운영을 위하여 필요한 경우 행정적·재정적 지원을 할 수 있다. <신설 2023. 10. 24.>

17. ① 단권화 175 서양교육사

주어진 문제와 관련된 사항은 ①이다. ①은 『일반교육학』을 통해 과학적 교육학의 학문적 체계를 수립하여 교육학의 아버지 또는 전통교육의 아버지라고 불리워진다.

18. ④ 단권화 208 한국교육사

① 최초의 사학은 원산학사이다.

② 을사조약 이후에는 모두 강제 폐지되지 않았다.

③ 최초로 남녀 공학을 실시한 학교는 정진학교이다.

19. ② 단권화 231 (17회) 평생교육

• 페다고지에서 안드라고지로 : 놀스(K. Knowles)

① 교과중심의 학습보다는 생활문제 중심의 학습을 선호한다.

② 성인의 경험은 계속 축적되며, 그 축적된 경험은 학습자원으로 활용된다.

③ 교육자와 학습자의 협의를 통해 교육계획을 설정하고 학습내용을 평가한다.

④ 학습은 외적 동기보다 내적 동기에 의해 이루어진다.

⑤ 학습자는 자신의 결정과 삶에 대하여 책임지려고 한다.

20. ① 단권화 234

• 평생학습 계좌제 : (가) 개인의 다양한 학습경험을 공식적인 이력부에 종합적으로 누적·관리하고 그 결과를 학력이나 자격 인정과 연계하거나 고용정보로 활용하는 제도이다.

• 학점은행제 : (나) 학교에서뿐만 아니라 학교 밖에서 이루어지는 다양한 형태의 학습경험 및 자격을 학점으로 인정하고, 학점이 누적되어 일정 기준을 충족하면 학위취득을 가능하게 하는 제도이다.